D1704535

Darmstadts grüne Lunge

Darmstadts grüne Lunge

Impressionen aus Wäldern der Region

Justus von Liebig Verlag

Impressum

Bibliografische Information der Deutschen Nationalbibliothek:
Die Deutsche Nationalbibliothek verzeichnet diese Publikation in der Deutschen Nationalbibliografie;
detaillierte bibliografische Daten sind im Internet über http://dnb.dnb.de abrufbar.

Fotografien und Bildlegenden: Matthias Kalinka
Autoren: PH Gruner und Matthias Kalinka
Herausgeber: Thomas Reinheimer
Gestaltung und Bildredaktion: Lukas Geißler
Titelbild: Stadtförsterwiese im Kranichsteiner Wald

© Justus von Liebig Verlag, Darmstadt 2021
Gesamtherstellung: Ph. Reinheimer GmbH, Darmstadt

Klimaneutral gedruckt mit NatureOffice.com: DE-077-241489
Gedruckt auf FSC®-zertifiziertem Papier: FSC® C106855

ISBN: 978-3-87390-459-0
Printed in Germany

Inhalt

6 — Verleger Thomas Reinheimer
Vorwort

11 — Oberbürgermeister Jochen Partsch
Grußwort

12 — Förster Matthias Kalinka
Das Ökosystem Wald – Unterschiedliche Gesichter, viele Sichtweisen, Funktionen und Ansprüche

18 — Fotostrecke
Impressionen aus dem Darmstädter Forst

80 — Fotostrecke
Wald- und Wiesenbewohner

92 — Publizist PH Gruner
Rotkäppchens Reich – Ein Essay zur Komplexität des Wald-Begriffes

100 — Fotostrecke
Der Wald als Atelier und Austellungshalle

110 — Fotostrecke
Natürliches Gift und bunte Farbenpracht

166 — Kurzportraits
Biografien

167 — Anhang
Glossar

Thomas Reinheimer

Vorwort

Philipp Reinheimer, mein Urgroßvater, hat in Griesheim gelebt, der grünen, Gemüse spendenden Stadt westlich von Darmstadt. Mein Großvater Peter Reinheimer wurde dort geboren. Beide pflegten morgens den Fußweg in die Druckerei Philipp Reinheimer in der Darmstädter Grafenstraße quer durch den damals noch fast durchgängig existierenden Wald zwischen Griesheim und Darmstadt zu nehmen, und abends zurück.

Das änderte sich, als Philipp 1904 in der Georgenstraße 9 (heute Gagernstraße) ein Grundstück kaufen und bebauen konnte. In das Erdgeschoß zog sein Druckereibetrieb ein, für seine Familie baute er Wohnraum im 1. Stock. Für die damals stark wachsende Vorstadt aus der Feder des Architekten und klassizistischen Stadtplaners Georg Moller war geplant, dass hinter den Häuserzeilen Gärten angelegt werden. Das erleichterte es dem die Natur liebenden Urgroßvater sehr, aus dem schönen Griesheim umzuziehen. Der Darmstädter Westwald blieb aber immer in seinem Herzen, der Fußweg den Sonntagsbesuchen bei der Verwandtschaft in Griesheim vorbehalten.

▲ Peter Reinheimer mit seinem Citroën im Darmstädter Forst, 1930

Als uns zu unserer ersten Baumpflanzaktion 2014 Hartmut Müller, Leiter des Darmstädter Forstamtes, eine kleine Stelle im Westwald vorschlug, war ich sehr glücklich und dachte an meinen Urgroßvater und Großvater, die ich beide leider nie kennenlernen konnte. Die Pflanzaktion war eine tolle, erfolgreiche Zusammenarbeit zwischen dem Darmstädter Forstamt und der Druckerei Ph. Reinheimer. Mehrere Mitarbeiter des Forstamts, alle Mitarbeiter der Druckerei Ph. Reinheimer und sogar einige Kunden zogen an einem strahlenden Märztag los.

Hartmut Müller zeigte allen, wie man den rund 50 Zentimeter großen Setzling schnell und zuverlässig in die Erde bringt, und dann pflanzten wir insgesamt 1.000 junge Bäumchen, von denen die Mitarbeiter der Druckerei vielleicht 300 Setzlinge in die Erde brachten.

Die Mitarbeiter des Forstamtes arbeiteten dann noch sehr viel länger und brachten vor allem an alle Setzlinge den überlebenswichtigen Schutz gegen Wild-Verbiss an. Herr Müller erklärte uns, dass eine widerstandsfähige, und vor allem gegen lang anhaltende Trockenzeiten resistente Sorte gepflanzt werde, und tatsächlich, wie im Bild vom Sommer 2020 dokumentiert, die Bäume haben in überwiegender Mehrheit überlebt, sind zum großen Teil bis zu drei Meter hoch und sehen sehr vielversprechend aus. Und das, obwohl die vergangenen Sommer allesamt zu trocken, viel zu trocken waren.

1938 zog die Familie Peter Reinheimer mit meinem Vater Karl Heinz in das Viertel hinter dem Alten Friedhof, und der Ostwald Richtung Roßdorf, aber auch Traisa oder Kranichstein wurden zum Ziel der Spaziergänge meines Vaters. In der Bombennacht vom 11. September 1944 suchte mein Vater, durch seine Berufsausübung in Stuttgart schon mehrere schwere Bombenangriffe gewohnt, zusammen mit seinem Onkel im Wald Schutz vor den englischen Bomben. Nach dem Krieg nahm mein Vater seine Kinder auf viele glückliche Wochenendspaziergänge mit, und auch sein Abschiedsspaziergang, den er Ende April 1986 unternahm, bereits gezeichnet von seiner schweren Krankheit, führte ihn Richtung Traisa. So behielt mein Vater unseren Wald im Herzen.

Im März 1990 wütete der Sturm Wiebke in unserem geliebten Wald, aber auch der Alte Friedhof und viele Gärten, wie der Garten meines Elternhauses, wurden schwer gezeichnet. Im Frühjahr 2020, also 30 Jahre nach dem Orkan und fast ein halbes Menschenleben später, fiel mir auf, dass doch viele lange Jahre im Wald klaffende Wunden sich langsam schließen. Das berührte mich in mehrerer Hinsicht sehr: Zum einen wurde mir wieder deutlich, wie sorgsam wir alle mit unserem Wald und überhaupt unserer Natur umgehen müssen, zum zweiten, in welchen Zeiträumen eine aktive Forstpflege durch unsere Förster angelegt sein muss, und zum dritten, und sehr tröstlich: Diesen Schaden hat damals die Natur selbst angerichtet, wenn man davon absieht, dass wir die zunehmenden Orkanereignisse wahrscheinlich auch mitverursachen. Aber die Natur richtet es auch wieder, nur arbeitet die Natur in anderen

◀ »In der Tann« zwischen Griesheim und
Darmstadt, 1930 (Quelle: Stadtarchiv Darmstadt)

▲ Helferinnen und Helfer bei der Baumpflanzaktion
im Darmstädter Westwald, 2014

▲ Thomas und Petra Reinheimer beim Setzen junger
Douglasien »in der Tann«, 2014

▲ Die Setzlinge entwickeln sich gut, Frühjahr 2019

▲ Die gepflanzten Bäume im Darmstädter Westwald entwickeln sich bestens, Sommer 2020

▲ Ein Vogel hat sich bereits hinter dem Schutzdraht heimisch eingenistet, Sommer 2020

Zeitdimensionen als wir Menschen gewohnt sind zu handeln und auch erwarten, das Ergebnis unserer Handlung sehen zu können.

Im Herbst 2019 hielt Matthias Kalinka vom Forstamt Darmstadt in unserem Lions-Freundeskreis einen Vortrag über unseren Darmstädter Wald, bei dem er viele eindrucksvolle Bilder zeigte, und mir wurde bewusst, dass wir im Verlag immer nur schönen Baudenkmälern, Gemälden oder Plastiken huldigten, noch nie aber unserem Wald, in dem einmal unsere Großstadt lag. Ich fragte meine Frau, und wir gingen direkt auf Herrn Kalinka zu, ob er ein solches Projekt mit uns angehen wolle, und verabredeten die Zusammenarbeit.

Und dann geschah etwas Schreckliches, in dessen Auswirkungen wir immer noch ganz tief stecken, dessen Ende immer noch nicht absehbar ist: Corona überraschte uns mit voller Wucht, schlimmer als in übelster Science Fiction erzählt. Schwere, ja schwerste Schicksale haben die Menschen ereilt, der Tod eines geliebten Menschen, Leiden unter einem schweren Krankheitsverlauf, Leiden unter wirtschaftlichen Schwierigkeiten, sogar das Ende beruflicher Existenzen. Aber auch die Folgen von Isolation, bei alten Menschen wie auch bei den Kindern, die Veränderung des gesamten sozialen Miteinanders unserer Gesellschaft, neue, mühsam gelernte Umgangsformen, die aber häufig zu einer Vereinsamung und Entfremdung führen, verändern unser Zusammenleben. Menschen, die sich intellektuell Querdenker nennen, heizen die Stimmung zusätzlich auf, parteipolitische Strategien und der Föderalismus, eigentlich wichtige Säulen unserer Demokratie und unseres Staates, bewähren sich in dieser Krise nur bedingt.

Und doch hat uns Corona die Augen geöffnet: Meine Frau hat über unsere bisher erlebten Urlaubsreisen wunderschöne Fotobücher gemacht, und als wir unsere Corona-bedingte Wanderserie im Frühjahr 2020 in Seeheim starteten, sagte ich: Dieses Jahr wird es kein Fotobuch über Afrika geben, lass uns ein Fotobuch über unsere Corona-Spaziergänge machen. Ich machte meine Frau auf eine rote Wegschnecke aufmerksam. Schon 1.000 mal gesehen, aber nie betrachtet. Petra machte ein Foto, bildfüllend, so groß wie ein Elefant. Was für ein schönes Tier! Plötzlich sehen wir unsere heimische Welt mit anderen, aufmerksameren Augen, wir hören plötzlich unsere Vögel, wir riechen plötzlich unsere Pflanzen – die Natur rückt wieder sehr viel näher ins Zentrum unseres Daseins.

Deshalb bringen wir ein Buch über unseren schönen Wald, unseren Darmstadt umschließenden Wald heraus, unseren Wald, der an vielen Stellen so leidet, und doch an vielen Stellen so wunderschön ist und uns Erholung, neue Ansichten und Kraft für die nächste Zeit gibt. Im Herbst 2021 werden wir wieder einige Bäume pflanzen, diesmal im Osten, nahe dem Forsthaus Eiserne Hand, einem der Ziele der Spaziergänge meines Vaters. Unser kleiner Beitrag, ein Herzenswunsch, um unserem Wald Zukunft zu geben.

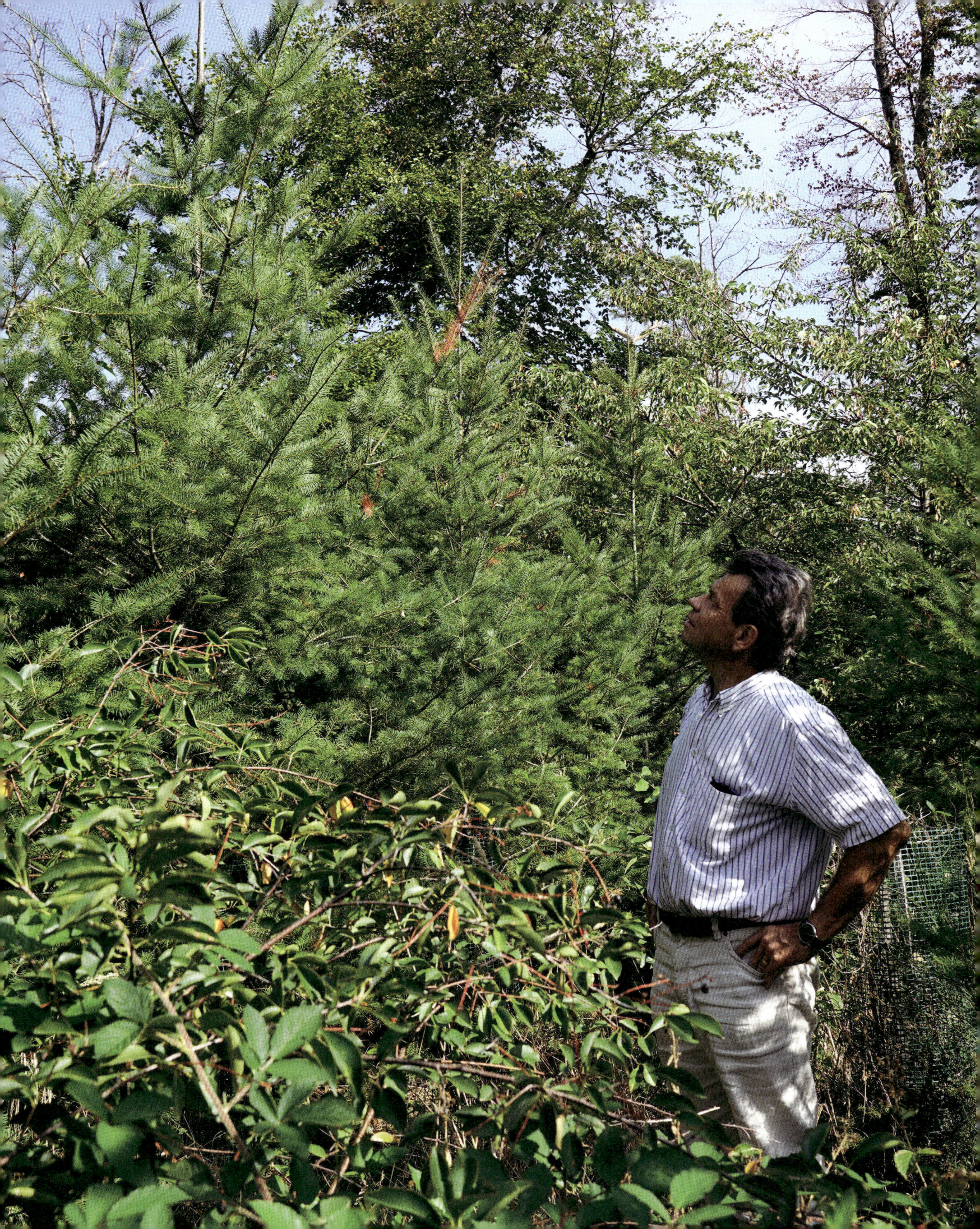

▶ Hannß Carl von Carlowitz' »Sylvicultura Oeconomica, Oder Haußwirthliche Nachricht und Naturmäßige Anweisung Zur Wilden Baum-Zucht« von 1713 (Quelle: Staats- und Universitätsbibliothek Dresden)

Jochen Partsch

Grußwort

Es lagen knapp 280 Jahre zwischen dem Werk »Sylvicultura oeconomica« des sächsischen Oberberghauptmann Hanns Carl von Carlowitz und der Konferenz von Rio de Janeiro 1992. Von Carlowitz, der seine Wirkstätte im – bis heute bestehenden – sächsischen Oberbergamt unserer Darmstädter Partnerstadt Freiberg im Erzgebirge hatte, war in jungen Jahren viel durch Europa gereist. Durch den überall stattfindenden florierenden Bergbau, der Unmengen an Holz verschlang, erkannte er, dass dieser Rohstoff nicht unendlich zur Verfügung stehen würde. Von Carlowitz gilt mit seinem ersten Werk über die Forstwirtschaft auch als Erfinder des Gedankens der Nachhaltigkeit.

Doch erst der im 20. Jahrhundert immer stärker sicht- und messbar werdende Klimawandel und der von der Brundtland-Kommission im Jahr 1987 vorgelegte Bericht, der zusätzlich den Gedanken der Generationengerechtigkeit ins Spiel brachte, machten aus dem von von Carlowitz geprägten Begriff einen sehr konkreten Lösungsansatz für einige der schwerwiegendsten Probleme der Menschheit. Dabei steht erneut auch der Wald im Mittelpunkt.

Als »Die Stadt im Walde« hatten findige Mitarbeiter der Darmstädter Stadtverwaltung die Stadt ab den dreißiger Jahren des letzten Jahrhunderts vermarktet und der Werbeslogan war weit mehr als nur ein Versprechen. Denn rund um die heutige Wissenschaftsstadt erstreckten sich bis zu Beginn des 20. Jahrhunderts kilometerweit in alle Himmelsrichtungen zusammenhängende Waldstrecken. Heute sind mit 5,7 Hektar noch annähernd die Hälfte der früheren Waldbestände vorhanden.

Ihr Zustand ist aufgrund von Hitzeschäden und Luftschadstoffen besorgniserregend und braucht heute mehr denn je ein kluges und weitsichtiges Konzept, damit der Darmstädter Wald auch den nachfolgenden Generationen in seiner Funktion zum Schutz von Wasser, Boden, Klima und Natur gerecht wird, sowie zur Erholung dienen kann. Unter Beteiligung von Zivilgesellschaft, Politik, Verwaltung und Wissenschaft, hat der »Runde Tisch Wald« aktuell eine Bestandsaufnahme erhoben und ein Leitbild sowie Leitlinien und Handlungsempfehlungen als vorbildhaftes »Darmstädter Model« für eine gemeinsame Basis zum nachhaltigen Umgang mit unserem Stadtwald geschaffen, die wir für die künftigen Generationen dringend umsetzen wollen.

Für ein seit 175 Jahren in unserer Stadt ansässiges Familienunternehmen wie die Druckerei Ph. Reinheimer, die in ihren Erzeugnissen schon von je her eng mit dem Wald als Rohstofflieferant verbunden war und ist, hat der Wald eine ganz eigene und besondere Bedeutung. Dazu kommt die familiäre Geschichte und Verbundenheit mit dem Wald rund um Darmstadt, wie sie der heutige Verleger Thomas Reinheimer in seinem Beitrag beschreibt. Es ist daher eine besonders schöne Idee, diesem Wald anlässlich des beeindruckenden Firmenjubiläums ein eigenes Buch zu widmen, das, wie ich finde, noch dazu besonders gelungen ist.

Mit den Beiträgen von Thomas Reinheimer, dem Publizisten Paul-Hermann Gruner und dem Förster Matthias Kalinka vom Forstamt Darmstadt, behält es seinen lokalen Bezug und wird ergänzt um die wunderbaren Fotografien von Matthias Kalinka, der, über seine berufliche Pflicht der Dokumentation hinaus, in seiner Freizeit seit Jahren mit großer Leidenschaft die Wälder um Darmstadt fotografiert.

Es ist damit beides zugleich: ein ganz besonderes Darmstadt-Buch, das die heutige Wissenschaftsstadt erneut auch als »Die Stadt im Walde« sieht und ein Werk von weitreichender Bedeutung angesichts einer Pandemie, die auch unsere Stadt und ihre Menschen belastet und das tägliche Leben weitreichend verändert hat. Denn in diesen Zeiten von Abstand und Isolation haben sich viele Darmstädterinnen und Darmstädter an die wohltuende Wirkung auf Körper und Seele, die der Wald uns allen schenkt, erinnert und ihren Stadtwald noch einmal neu für sich erobert und schätzen gelernt.

Es ist also eine wunderbare Idee und ein schönes Geschenk, das die Druckerei Reinheimer sich selbst und den Darmstädterinnen und Darmstädtern zum 175sten Geburtstag macht, zu dem ich der Familie Reinheimer und der gesamten Belegschaft von Herzen gratuliere und Ihnen viel Erfolg für die Zukunft wünsche.

Ihr

Jochen Partsch
Oberbürgermeister

Matthias Kalinka

Der Wald

Unterschiedliche Gesichter, viele Sichtweisen und zahlreiche Funktionen und Ansprüche

Die Nutzung des Waldes mit schweren Spezialmaschinen gehört heute genauso zum Umgang des Menschen mit dem Ökosystem Wald wie die Einrichtung von Totalschutzzonen mit absolutem Betretungsverbot. Beides existiert oft direkt nebeneinander und zeigt die Spannungsfelder, aber auch die unterschiedlichen Ansprüche des Menschen an den Wald deutlich auf. Der eine nutzt ihn zur Erholung vom anstrengenden Berufsalltag, der andere hat ihn als Arbeitsplatz und produziert mit ihm den nachwachsenden Rohstoff Holz und alle anderen Ökosystemleistungen. Der eine nutzt ihn als Sportstätte, der andere möchte die Artenvielfalt erhalten und fördern.

> Es gibt keine richtige Art, die Natur zu sehen. Es gibt hundert.
> Kurt Tuchholsky

Unser Umgang mit dem Wald ist immer ein Spiegelbild unserer Gesellschaft und des Wohlstandes einer Volkswirtschaft. Die Ansprüche an den Wald und der Umgang mit ihm variieren. Er ist unser größtes Landökosystem und verdient grundsätzlich eine ganzheitliche Betrachtung und Achtung.

Früher war mehr Wald, oder?

Häufig wird mir bei Waldbegängen diese Frage gestellt. Ich antworte dann: Kommt darauf an, wann früher? Dazu eine kurze Waldgeschichte.

Ganz früher, das war nach der letzten Eiszeit vor rund 12.000 Jahren. Der Wald eroberte in unterschiedlichen Baumartenzusammensetzungen die Landfläche langsam wieder zurück, am Anfang über eine Waldtundra mit Zwergbirken, Strauchweiden und wenigen Kiefern. Mit zunehmender Erwärmung beteiligten sich mehr Baumarten an der Waldzusammensetzung in den Ebenen. Es entstanden Mischwälder mit Hasel, Eiche, Ulme, Esche, Linde und Kiefer. Ab ca. 2.500 v. Chr. begann die Buche ihren Siegeszug. Um Christigeburt hatte die Buche schon weite Teile der Ebenen besiedelt und bestimmte als Halbschattbaumart das Waldbild. An den meisten Standorten bildete sie Buchenreinbestände. Dann begann der Mensch den Wald durch Rodungen zurückzudrängen und es kam zu erheblichen Waldverlusten.

Ohne menschliches Handeln wären in Deutschland deutlich mehr als vier Fünftel mit Wald und davon wiederum der größte Teil mit Buchenwäldern bedeckt. Heute hat die Waldfläche in Deutschland einen Anteil von rund 32 Prozent. Hessen ist mit rund 42,3 Prozent Waldanteil das waldreichste Bundesland, konkurriert aber immer mit Rheinland-Pfalz um diesen Titel.

Nachhaltigkeit

Unsere Wälder werden nach dem Prinzip der Nachhaltigkeit möglichst naturnah gepflegt, bewirtschaftet und für künftige Generationen erhalten. Das Prinzip der Nachhaltigkeit entstand aus der Holznot und der Übernutzung der Wälder durch den Menschen. Der Erfinder der Nachhaltigkeit oder zumindest derjenige, der sie als erster publizierte, war der sächsische Oberberghauptmann Hannß Carl von Carlowitz in seiner 1713 erschienen Schrift »Sylvicultura Oeconomica, Oder Haußwirthliche Nachricht und Naturmäßige Anweisung Zur Wilden Baum-Zucht«.

In hessischen Wäldern wird die nachhaltige Waldbewirtschaftung früh mit dem Oberlandforstmeister Staatsrat Prof. Dr. h.c. Georg Ludwig Hartig (1764-1837) in Verbindung gebracht. Das Hartig-Denkmal in der Fasanerie in Darmstadt erinnert an das Leben und das Werk dieses berühmten Forstmannes.

Der Darmstädter Forstwissenschaftler Carl Justus Heyer erfand einen Formelweiser zur Berechnung der nachhaltig möglichen Holznutzung, der noch heute in der Hessischen Anweisung zur Forsteinrichtung berücksichtigt wird. Carlowitz, Hartig und Heyer handelten aus wirtschaftlichen Überlegungen heraus, es ging um die maximal mögliche Holznutzung, ohne das Produktionsmittel Wald dabei zu zerstören. In anderen europäischen Ländern handelten die Landesherren nicht so weitblickend und ruinierten ihre Wälder.

Den Wald ganzheitlich zu betrachten und ihn nicht nur auf die optimierte Holzernte in Reinbeständen zu reduzieren, formulierte Alfred Möller 1922 mit seinem »Dauerwaldgedanken«.

Heute geht es bei der Betrachtung von Wald vorrangig um seinen nachhaltigen Erhalt als Ökosystem. Es geht um die Anpas-

▲ Rückezug »Forwarder« beim Entladen und Poltern von Fichtenholz. Die Fichten sind von rindenbrütenden Borkenkäfern im Hitzesommer 2020 zum Absterben gebracht worden. Es ist das einzige Bild von Maschinen im Wald. In diesem Buch soll gezielt auf den Facettenreichtum des Waldes hingewiesen werden. Dass er bewirtschaftet wird und der Mensch sich dabei faszinierender Spezialtechnik bedient, soll nicht vergessen werden.

sung von Wäldern an sich rasch wandelnde Klimabedingungen. Dabei steht aktives Handeln durch Waldumbau in möglichst klimastabile, zukunftsfähige Wälder an oberster Stelle. Es geht darum, mit standortgerechten Baumarten die waldbaulichen Ausgangssituationen so anzupassen, dass möglichst alle Ökosystemleistungen langfristig erhalten bleiben. Ob das gelingen wird, bleibt offen. Ein so großes und komplexes Ökosystem wie der Wald braucht Zeit für Anpassungen, diese fehlt oft. Die gegensätzlichen Ansichten über einen sich selbst überlassenen Wald, dem Üben von Nutzungsverzicht und dem aktiven Einbringen von neuen Baumarten aus anderen Klimazonen, werden derzeit leidenschaftlich und konträr diskutiert.

Wälder sind schon immer multifunktional genutzt worden. Nicht nur die Holzproduktion steht unter Druck und wird sich wandeln. Auch viele andere Ökosystemleistungen wie die Sozialfunktionen oder der Erhalt von Lebensräumen für die Biodiversität werden sich bei wandelnden klimatischen Verhältnissen verändern und stehen unter Druck. Die Gesellschaft ist durch den selbst verursachten, beschleunigten Klimawandel auch verantwortlich für die Schäden am Waldökosystem.

Sicher ist, für den Wald als auch für das globale Klima sind die nächsten 10-20 Jahre von großer Bedeutung. Überlegtes Handeln in einem breiten gesellschaftlichen Dialog und nicht das Aussitzen dieser Herausforderungen sind angesagt. Wir alle sind aufgefordert, durch aktives und überlegtes Handeln zur Rettung des Lebensraums Wald und unserer Lebensgrundlagen beizutragen.

Wälder sind von der Klimakrise und dem Klimawandel betroffen, aber gleichzeitig auch Teil der Lösung. Wie immer gilt auch hier: »die Mischung macht's«. Grundlage sollte eine genaue Betrachtung der Waldstandorte und des vorhandenen Waldes sein. Die Mischung aus natürlicher Verjüngung, Saat und Pflanzung, abgeleitet von den ökologischen Ansprüchen und der Konkurrenz der Baumarten untereinander, sollte Grundlage jeder Entscheidung sein.

▲ Ein Paradies für Radfahrer – ein gut ausgebautes Wegenetz durchzieht die Erholungswälder und lädt zu ausgiebigen Touren ein.

Wald ist das Zukunftsthema

Wald ist ein faszinierender Lebensraum mit ganz unterschiedlichen Facetten. Wie sehen sie aus, unsere Wälder in und um Darmstadt herum?

Die hiesigen Wälder werden vom Forstamt Darmstadt betreut. Sie gliedern sich grob in vier sehr unterschiedliche Wuchsbezirke. Der nördliche Oberrheingraben mit seinen Dünen- und Terrassensanden, meist mit geringer Wasserspeicherkapazität, ist heute vornehmlich von Kiefernwäldern mit Eichen und Buchen bestockt. Er umfasst den westlichen und südwestlichen Teil Darmstadts.

Nördlich und östlich umschließen Stieleichen-Hainbuchenwälder, Buchenwälder und einzelne Erlenwälder des Messeler Hügellandes und Kranichsteiner Waldes Darmstadt. Die Waldböden, hier vornehmlich aus Rotliegendem, sind fruchtbar und verfügen oft über wasserstauende Tonschichten.

Im Südosten reicht der kristalline Odenwald bis nach Darmstadt heran. In diesen Gebieten finden imposante Buchenwälder und Buchen-Edellaubholzwälder mit einzelnen Weißtannen auf mächtigen Lößlehmschichten optimale Standortbedingungen.

Zwischen vorderem Odenwald und dem nördlichen Oberrheingraben zieht sich südlich Darmstadts die Bergstraße als abwechslungsreiches Waldgebiet mit steilen Hängen als schmales Band entlang. Ebenso abwechslungsreich wie die standörtlichen Bedingungen sind hier die Waldgesellschaften. Sie reichen von thermophilen Eichenwäldern über wüchsige Buchenwälder bis hin zu reliktartigen Schluchtwaldgesellschaften.

Was belastet unseren Wald? – Eine Auswahl

Besonders Kalamitäten (Katastrophen) haben bedeutenden Anteil daran, dass ältere Bäume ihr definiertes Erntealter oder gar ihr natürliches Lebensalter nicht erreichen. Nach den großen Windwürfen von 1990, Vivian und Wiebke, haben auch Stürme wie Kyrill 2007 oder zuletzt Fabienne 2018 größere Lücken in die Waldbestände in und um Darmstadt gerissen. Aber auch Krankheiten wie das Ulmensterben, das Eschentriebsterben, die Rußrindenkrankheit an Bergahorn und Rotbuche, die Wurzelhalsfäule der Erlen oder das Diplodia-Triebsterben an Kiefern.

Zerschneidungen unserer Wälder durch Infrastruktur wie Autobahnen, Straßen, Bahnlinien, Überlandleitungen Gasleitungstrassen oder andere Produktfernleitungen führen zu Belastungen des Waldes. Zuviel davon ist tödlich. Das Waldinnenklima ändert sich. Es kommt gerade in den Randbereichen zu vermehrten Absterbeprozessen. Das führt zu einer erhöhten Entnahme von Bäumen, um der Verkehrssicherungspflicht entlang dieser Linien Genüge zu tun. Die Schädigungen verlagern sich immer weiter in den Wald hinein. Das Waldinnenklima, mit hoher Verdunstung und Schatten im Sommer, löst sich auf. Die Wasserspeicherleistung des Waldes reduziert sich. Ein Teufelskreislauf.

Aber auch klimatische Veränderungen mit immer heißeren Sommern und immer geringeren Niederschlägen während der Vegetationsperiode führen zu einer deutlichen Veränderung der Waldbestände. Hiesige Wälder müssen seit Jahren mit negativen Wasserbilanzen auskommen. Der größte Teil unserer Wälder lebt vom Niederschlagswasser. Grundwasseranschluss haben nur einige unserer Waldgesellschaften. Gleichwohl führt auch ein massiver Eingriff in die Grundwasserhaltung durch vermehrte Grundwasserförderung für den Ballungsraum Darmstadt – Rhein-Main – Neckar zu erheblichen Waldschäden und Veränderungen des Ökosystems Wald.

Von den biotischen Faktoren, die unseren Wald beeinflussen, hat der Maikäfer in den Waldgesellschaften des Oberrheingrabens von Lampertheim über Darmstadt nach Norden hin, ganz erheblichen Einfluss. Es ist nicht nur der Käfer, der in Zyklen von vier Jahren für uns alle ersichtlich an warmen Frühlingsabenden – mittlerweile im April – schwärmt und an allen Eichenarten, aber auch anderen Laubbäumen zu erheblichen Fraßschäden – bis hin zu totalem Kahlfraß führt. Den wesentlich größeren Schaden verursachen die Engerlinge des Maikäfers im Boden. Sie fressen in Ihren verschiedenen Entwicklungsphasen die Wurzeln und hier vornehmlich die für die Nahrungs– und Wasseraufnahme der Waldbäume so wichtigen Feinwurzeln.

Die Belastungen mit Schadstoffeinträgen sind weiterhin hoch. Auch wenn sich die Säureeinträge aus der Luft gegenüber den 1980er Jahren erheblich verringert haben, liegt der Säureeintrag in den nährstoffarmen Böden weiterhin über dem natürlichen Puffervermögen. Der Eintrag an Stickstoff ist weiter auf sehr hohem Niveau geblieben und hat erhebliche Auswirkungen auf die Vitalität und Stabilität von Waldökosystemen.

▶ Waldschäden werden zunehmend offensichtlicher und sind bereits in allen Wäldern um Darmstadt deutlich erkennbar.

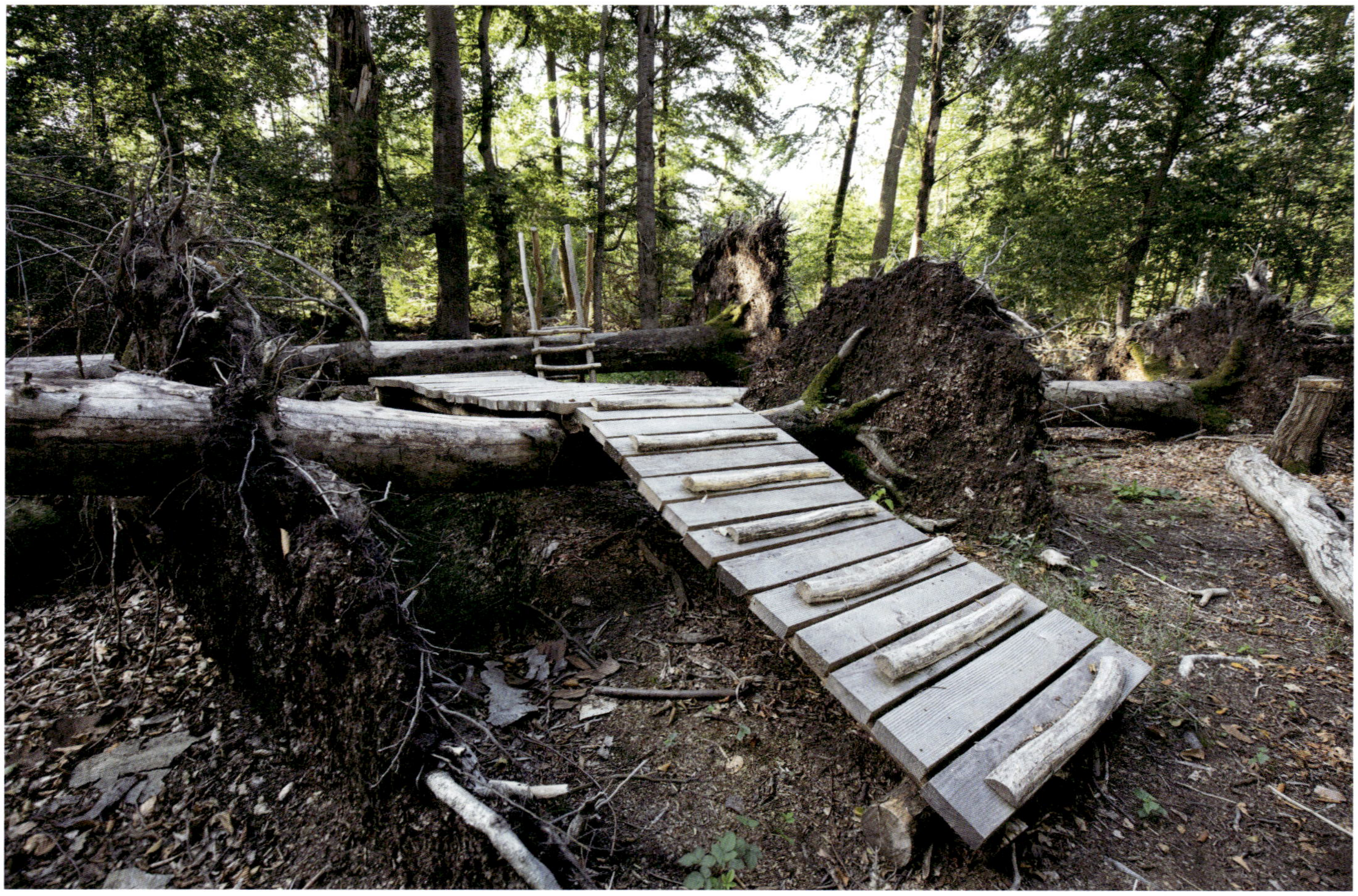

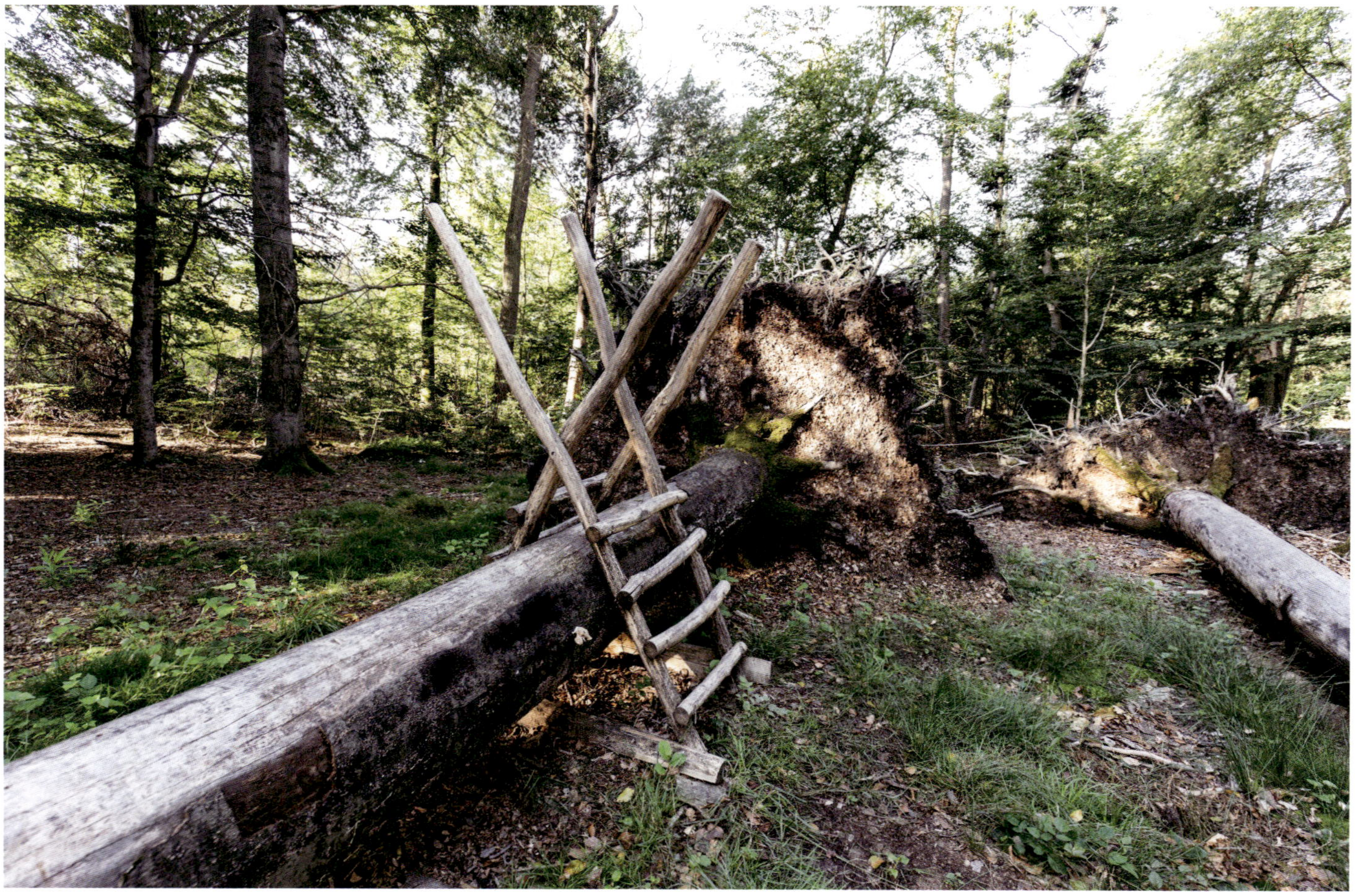

Die Mischung oder die Summe aus den genannten Stressfaktoren für das Ökosystem führt dazu, dass der Wald im Westen von Darmstadt teilweise am Kipppunkt ist. Waldbäume erreichen selbst ihre forstlich definierten Umtriebszeiten nicht mehr. Sie sterben vorher ab. Dies führt auch dazu, dass der Wald immer jünger wird, weil sich der Anteil älterer Bäume reduziert. Die wichtige ausgeglichene Verteilung und Spreitung der verschiedenen Altersphasen nimmt deutlich ab. Es ist mehr als eine natürliche Zerfallsphase in einem intakten Waldökosystem, wie wir es kennen.

All dies zusammen führt dazu, dass es Teile dieses Waldes bald so nicht mehr geben wird. Es könnten sich andere Vegetationsformen durchsetzen. Busch- oder Steppenlandschaften sind mögliche Ersatzformen. Angereichert werden diese neueren Vegetationsformen von eingewanderten Baumarten wie der Spätblühenden Traubenkirsche oder dem Götterbaum, die mit den veränderten Umweltbedingungen wesentlich besser umgehen können als unsere heimischen und ursprünglichen, von der Rotbuche, der Stieleiche und der Waldkiefer geprägten Waldgesellschaften.

In den anderen Waldbereichen gibt es deutlich ältere Buchen- und auch Stieleichen- und Hainbuchenwälder. Die Anteile älterer Buchenreinbestände und laubholzreicher Mischbestände nehmen im Messeler Hügelland und im vorderen Odenwald zu. Die Waldveränderungen vollziehen sich dort deutlich langsamer.

Was tun?

Es gibt keine einfachen Lösungen. Wir kennen die Lösung auch nicht. Nutzen wir den Wald schonend, bauen wir ihn um, helfen wir ihm oder überlassen wir ihn sich selbst und vertrauen auf die Selbstheilungskräfte der Natur? Wie immer, es gibt keine Musterlösung, dafür ist das Ökosystem Wald viel zu komplex. Aber auch die Anforderungen der Gesellschaft an den Wald sind oft konträr. Was wird aus dem Wald? Eine Produktionsstätte für den steigenden Holzbedarf einer ständig wachsenden Bevölkerung? Ein Naturwaldreservat für die Biodiversität? Ein Erholungswald mit spektakulären Downhillstrecken für intensivstes Naturerleben? Oder wandeln wir ihn um in Baugebiete, Verkehrsadern oder Fußballstadien? Oder dient er weiterhin dem Lärmschutz und der Klimastabilität? Ich frage mich das oft. Vor allem aber: Was ist meine Aufgabe als Förster in diesem Prozess?

Den Wald zu bewahren vor übermäßiger menschlicher Einflussnahme. Beständiges Lernen über das Ökosystem Wald. Die Weitergabe des Wissens über den Wald. Der Respekt und vielleicht auch die Ehrfurcht vor dem Wald. Müssen wir den letzten Winkel erschließen? Brauchen wir beleuchtete und asphaltierte Fernradwege durch den Wald? Können wir nicht in angemessenem Tempo mit dem Fahrrad durch den Wald fahren? Können wir noch Schlaglöcher akzeptieren – oder muss alles perfekt sein? Kann er nicht ein wenig gefährlich bleiben, der Wald? Wo ist das mystische Dunkle? Weicht es der Lichtverschmutzung? Oder bleiben wir bei Matthias Claudius »Der Wald steht schwarz und schweiget«?

Während einer Exkursion im Darmstädter Ostwald stellte mir eine interessierte, waldbegeisterte, kritische junge Teilnehmerin folgende Frage: »Wie würde denn ihr Wald aussehen und wie würden sie mit ihm umgehen, wenn sie einen hätten?« Spontan und voller Überzeugung sind mir dazu drei Begriffe eingefallen. Gemischter Dauerwald, plenterartige Holznutzung und ausreichend Jagen. Dann müsste er mir alles geben, was ich mir vom Wald erhoffe und das Schönste, er würde sich selbst erhalten. Wenn er groß genug wäre, könnte ich gut von ihm leben, ihn für meine nachfolgenden Generationen erhalten und mich darin und daran erfreuen und viel Zeit dort verbringen. Ein nicht zu unterschätzendes Risiko in der Betrachtung meines Idealzustandes wären allerdings die Faktoren, die von außen auf diesen Wald Einfluss nehmen würden.

◀ Der Erlebnispfad »Fabiennesteig« im Kranichsteiner Wald – Ein Beispiel für das Erlebbarmachen von Waldentwicklung hin zur wilden Natur.

▲ »Der Wald, ein Segen, wo Gott ihn auch schuf. Den Wald zu pflegen, ein schöner Beruf.« Sinnspruch-Schild aus dem Büro von Matthias Kalinka.

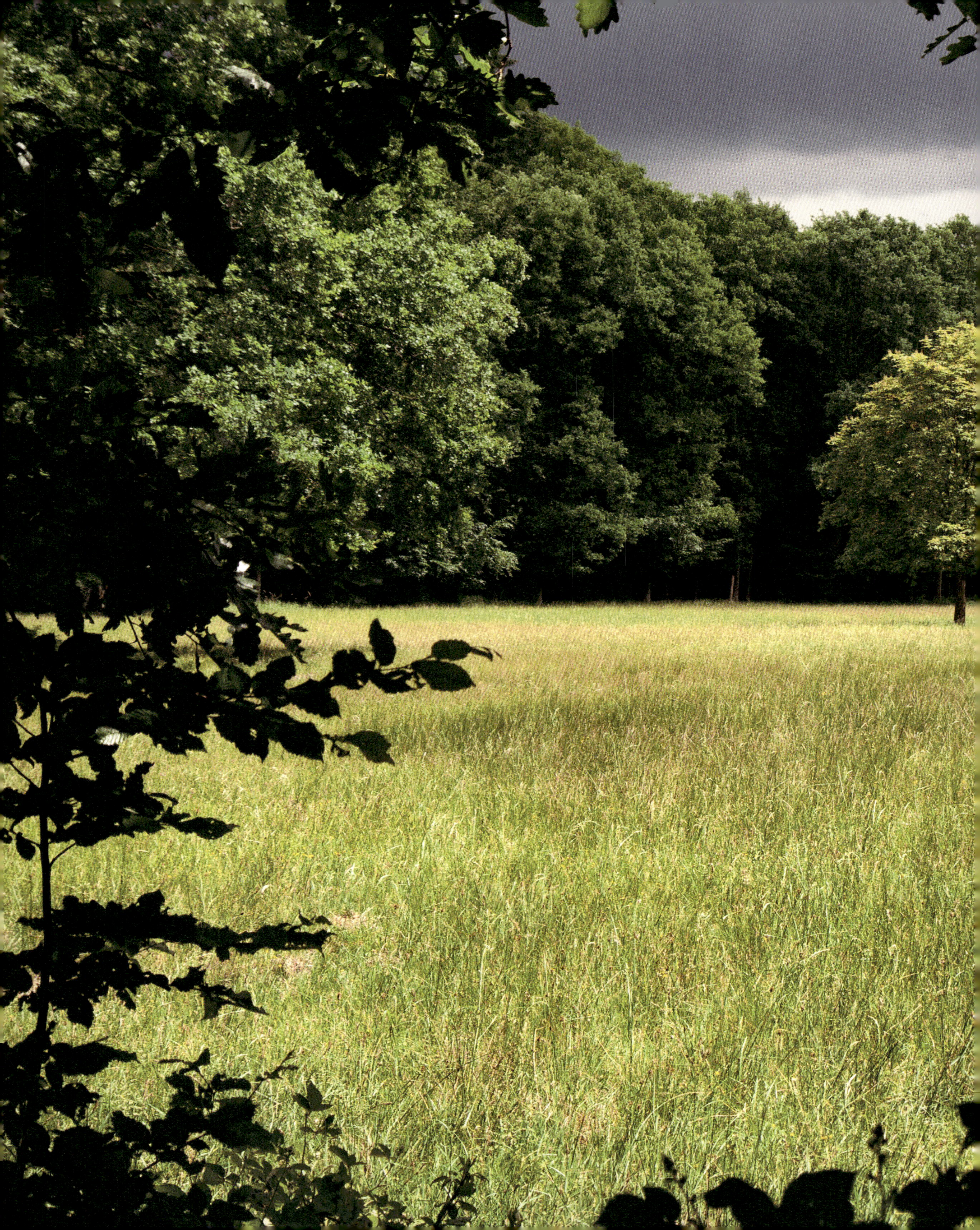

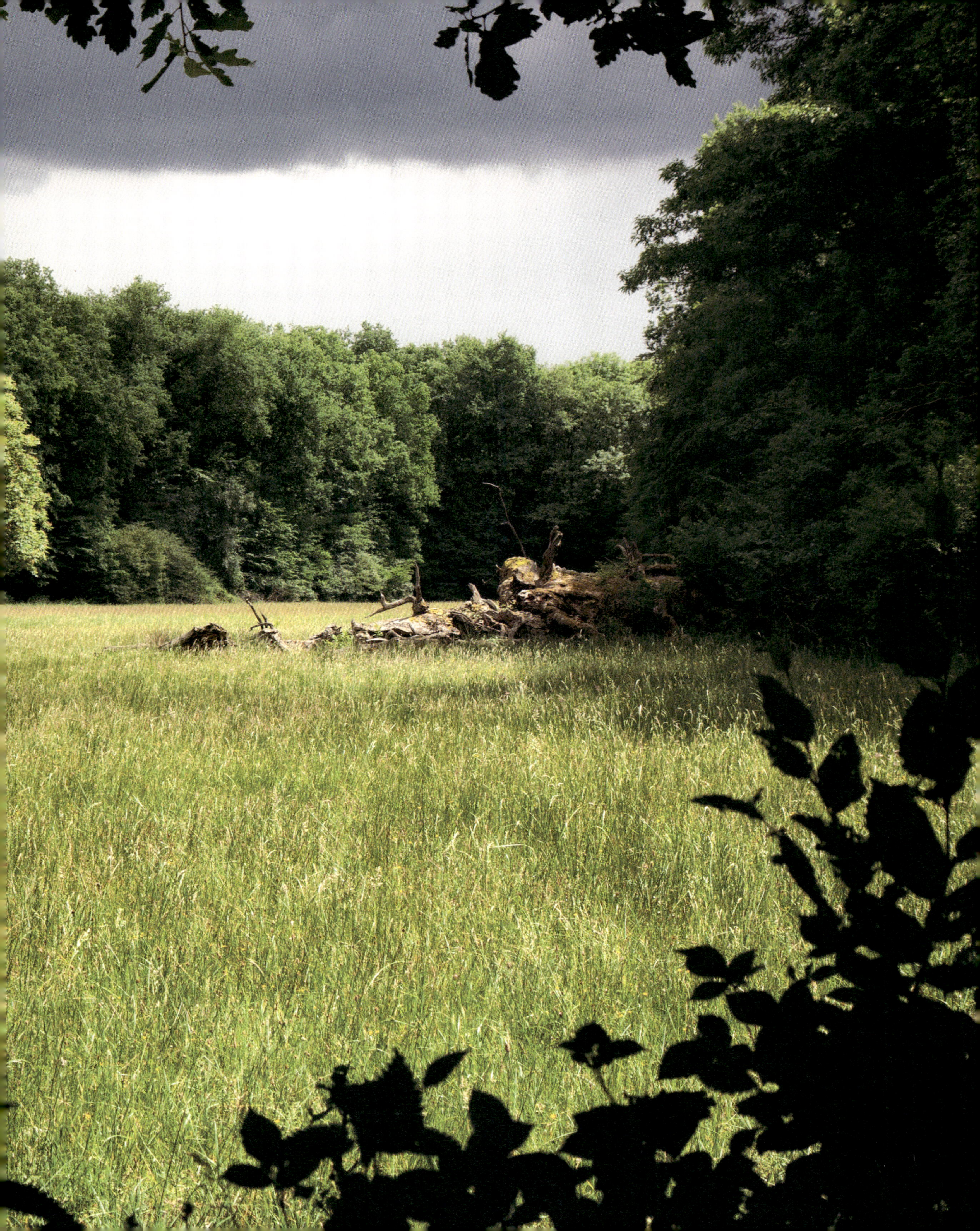

◄ Blick auf die »Stadtförsterwiese« eine der vielen Waldwiesen im Kranichsteiner Wald. Sie wird heute als Lebensraumtyp im FFH Gebiet Kranichsteiner Wald durch schonende Pflegemahd erhalten. Ursprünglich zu jagdlichen Zwecken für die höfische Jagd angelegt. Sie durfte vom Stadtförster, der seinen Sitz im Forsthaus Hirschköpfe hatte, als »Dienstland« genutzt werden. Im rechten Bildrand ist der Rest der 2005 zusammengebrochenen »Stadtförstereiche« zu sehen. Eine rund 700 jährige Stieleiche, die bis dahin der älteste Baum im Forstamt Darmstadt war.

► Lichter, in Auflösung begriffener Kiefern-Buchenwald westlich Darmstadts. Ein typisches Waldbild auf den von Dünensanden geprägten Waldstandorten unmittelbar an der Bundesautobahn A 67. Durch Zerschneidungslinien, starke Sonneneinstrahlung, hohe Temperaturen und geringe Niederschläge in der Vegetationsperiode befinden sich diese Wälder im Dauerstress. Besonders hohe Dichten von Maikäferengerlingen beeinträchtigen das Wurzelwachstum der Bäume, schwächen diese zusätzlich und beschleunigen die Absterbeprozesse.

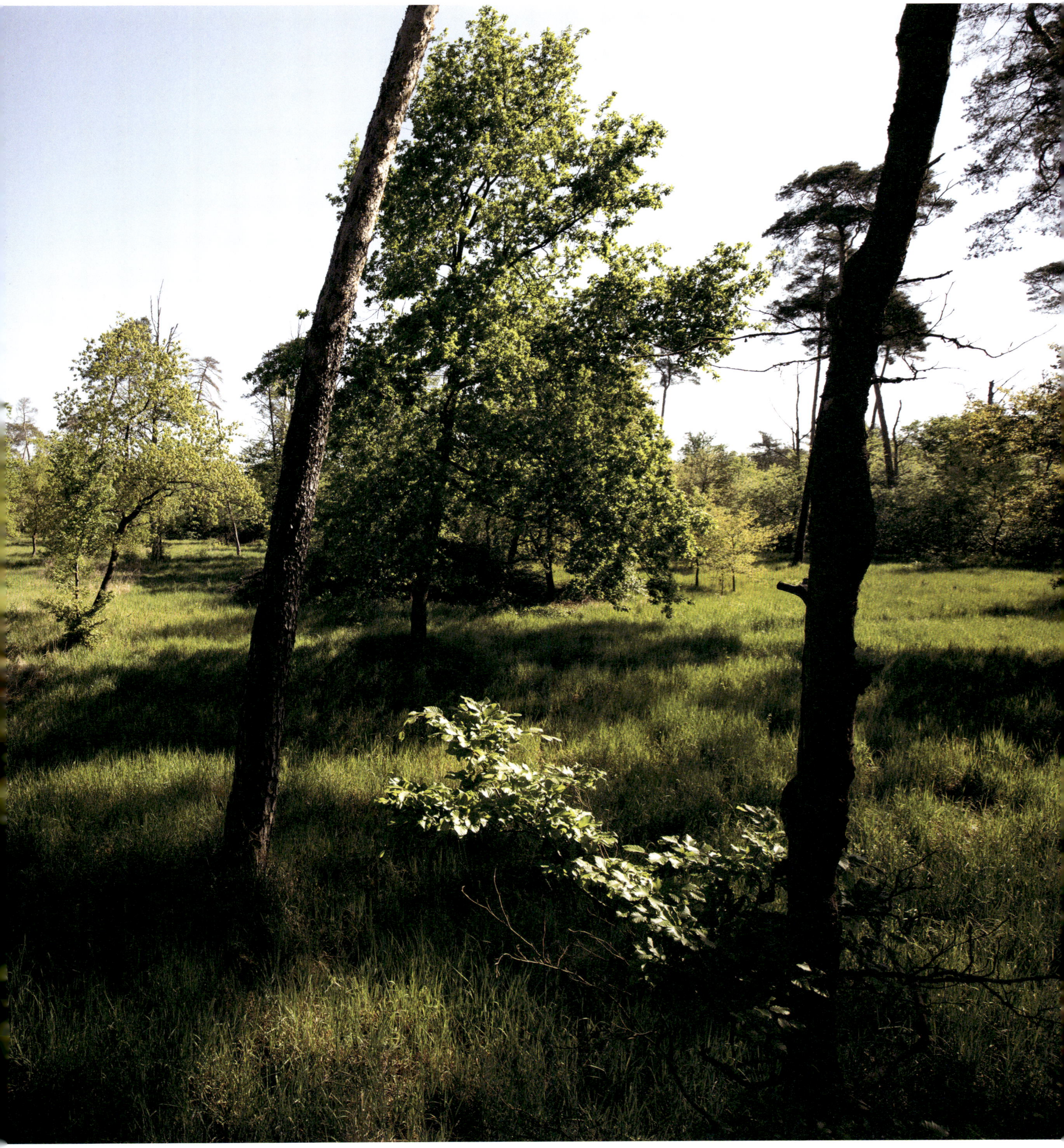

▲ Federgras wächst an trockenen und warmen Stellen – Sandmagerrasen. Es ist oft an besonnten Wegrändern in den trockenen Wäldern im Westen und Süden von Darmstadt zu finden.

▲ Mächtige alte Wurzelteller von Eichen bieten Lebensraum und sorgen für Windruhe und Strukturelemente im Wald. Sie verbleiben oft viele Jahre nach Sturmwürfen in ihrer Position und zeugen von hoher Haltbarkeit.

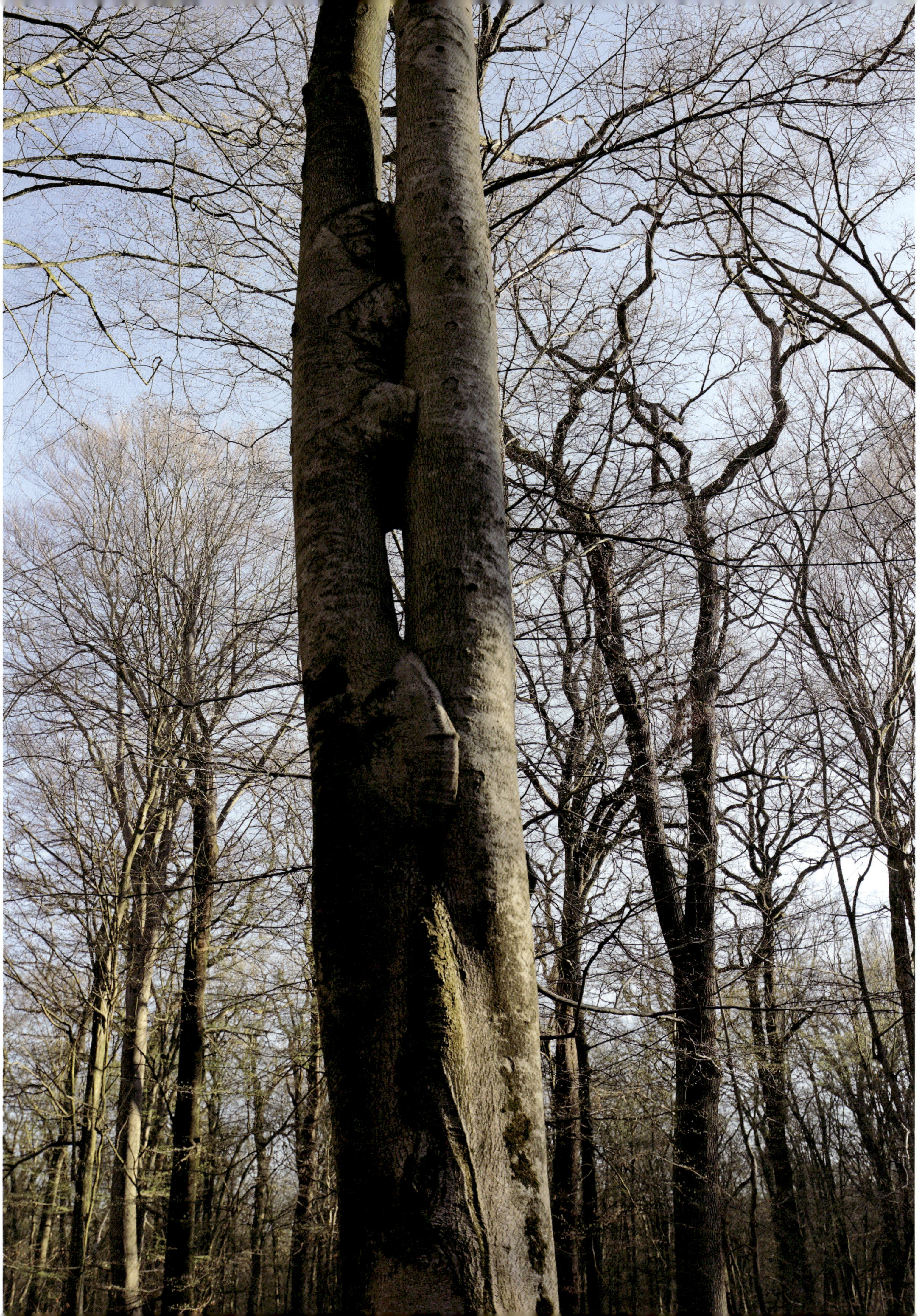

◄ Come together – Entwachsen aus einem Stamm und dann verzwieselt. Immer wieder gegenseitigen Halt geben sich die beiden Stammteile dieser Rotbuche.

▲▲ Selbst nach groben Verletzungen – hier nach Köpfung - ist die Rotbuche in der Lage weiter zu wachsen. Dabei entstehen skurrile Wuchsformen.

▲ Gegenseitigen Halt geben sich hier Rotbuche und Waldkiefer. Es hat den Anschein, als ob die Rotbuchenwurzel über die Kiefernwurzel gewachsen ist, um diese fest im Waldboden zu verankern.

▲ Waldkiefern sind die am häufigsten vorkommende Nadelbaumart in Darmstadts Wäldern.

▶ In Würde altern. Eine uralte Rotbuche in der Zerfallsphase wird von der nächsten Generation umfüttert. Sie bietet als stehendes Totholz einen attraktiven Lebensraum, trägt somit aktiv zur Artenvielfalt im Wald bei.

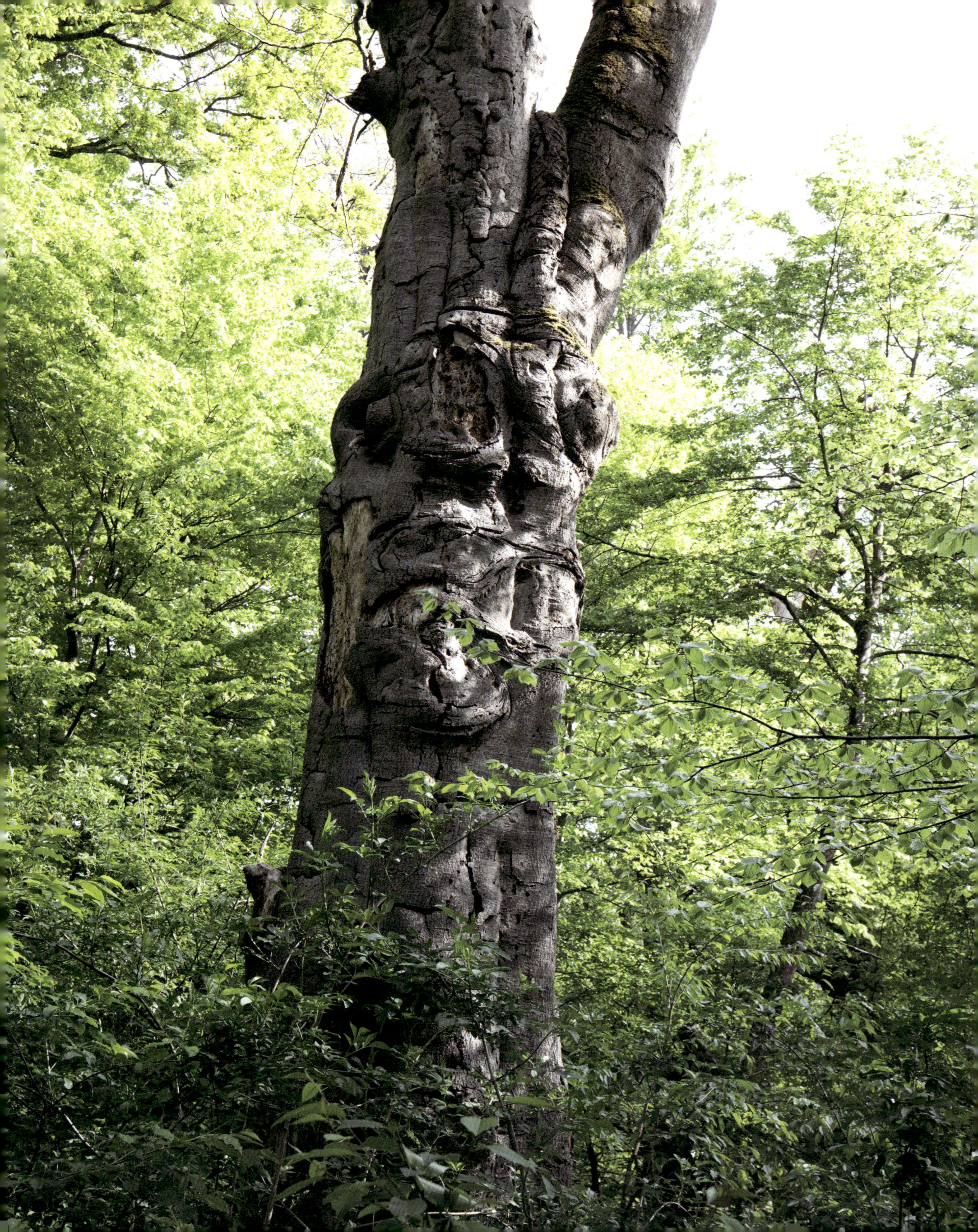

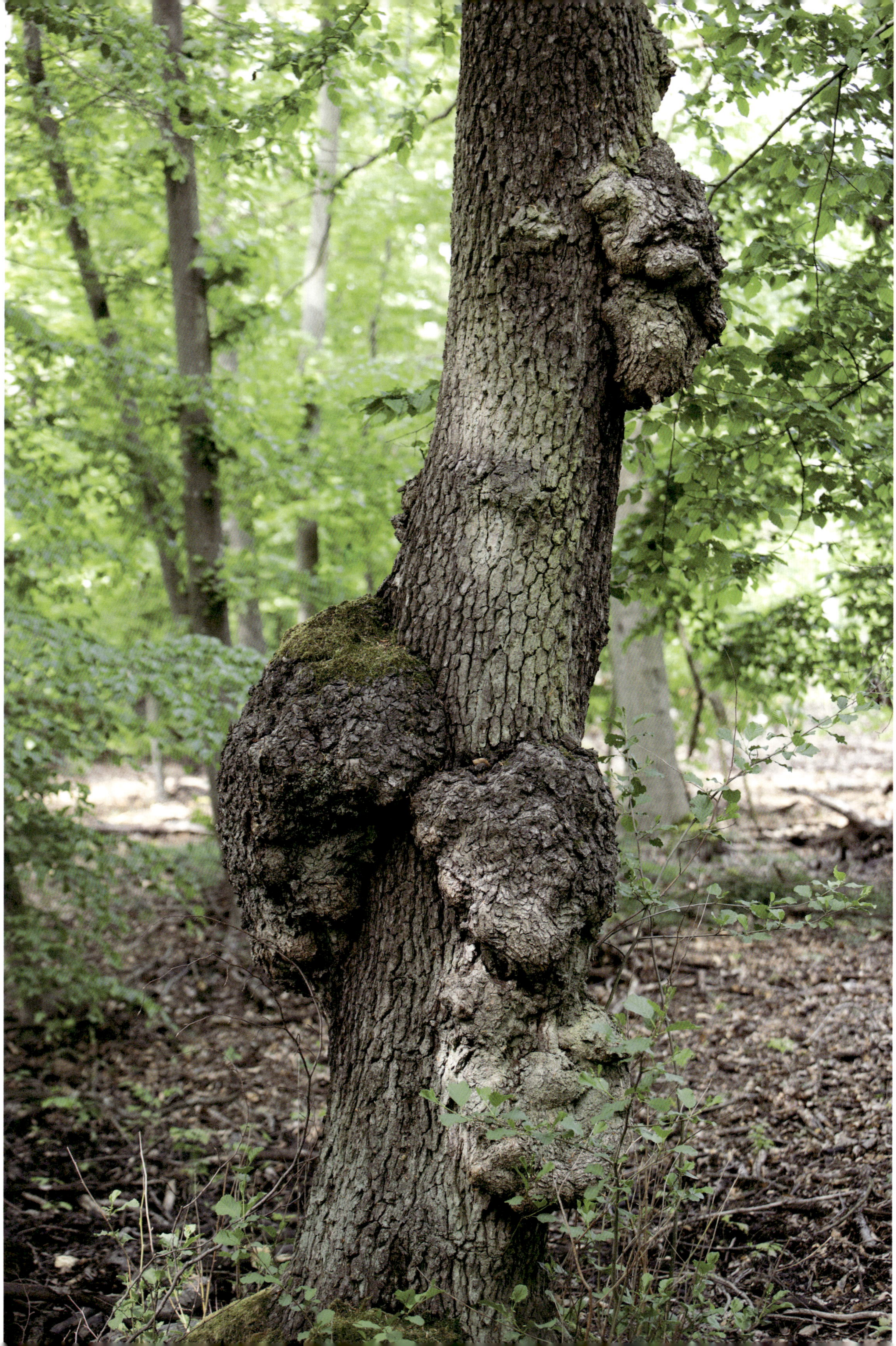

◄ Wuchsanomalien – das Abweichen von der Norm macht den Reiz aus. Hervorgerufen durch mechanische Beschädigungen, Einwirkungen von Insekten oder aber genetische Variationen im Bauplan. Hier Wuchsanomalie an einer Roterle.

▲▲ Wuchsanomalie an einer Rotbuche. Zum Teil entstehen Verwachsungen von etlichen hundert Kilogramm, die der Baum mit Leben versorgt.

▲ Anomalie an einer Hainbuche.

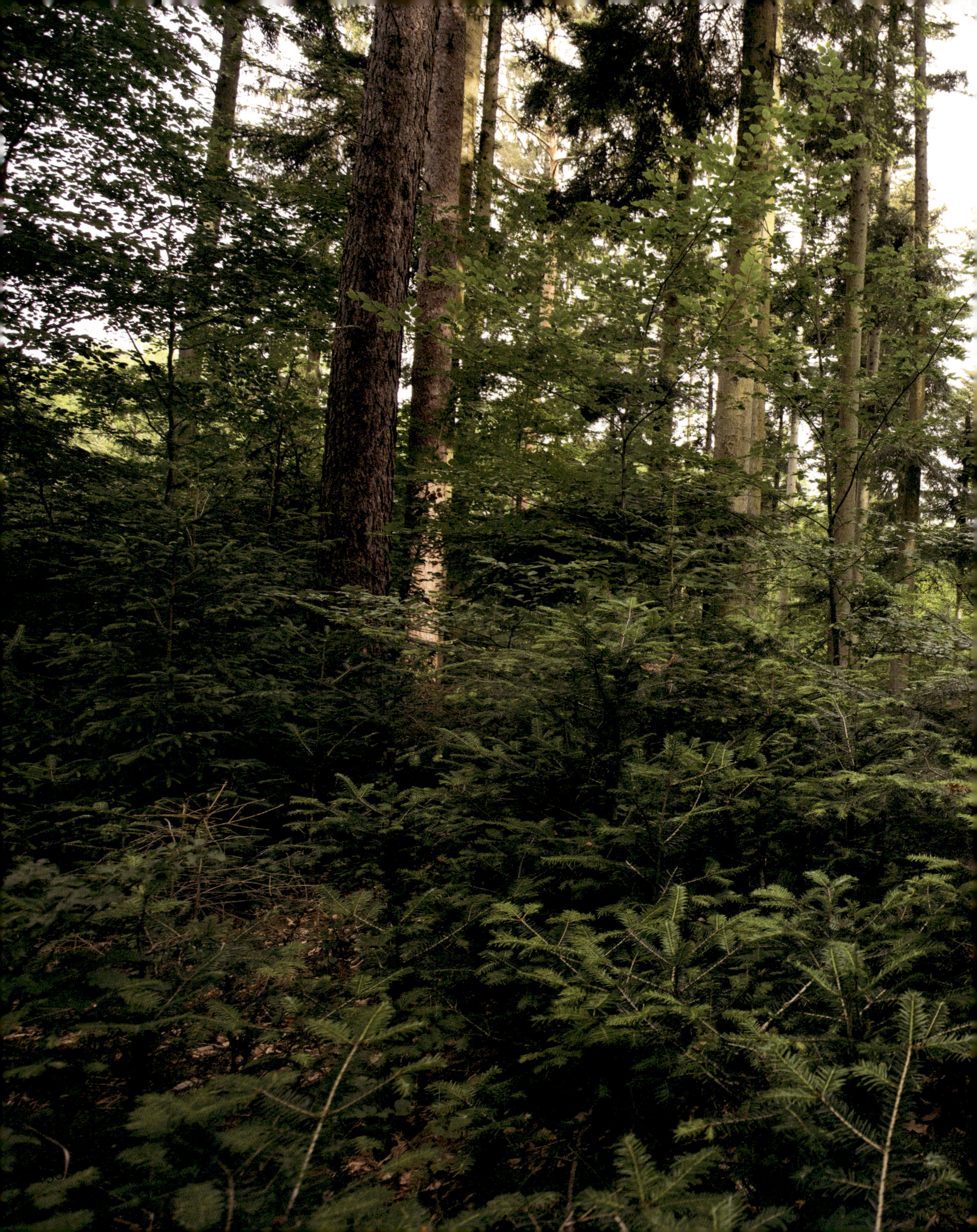

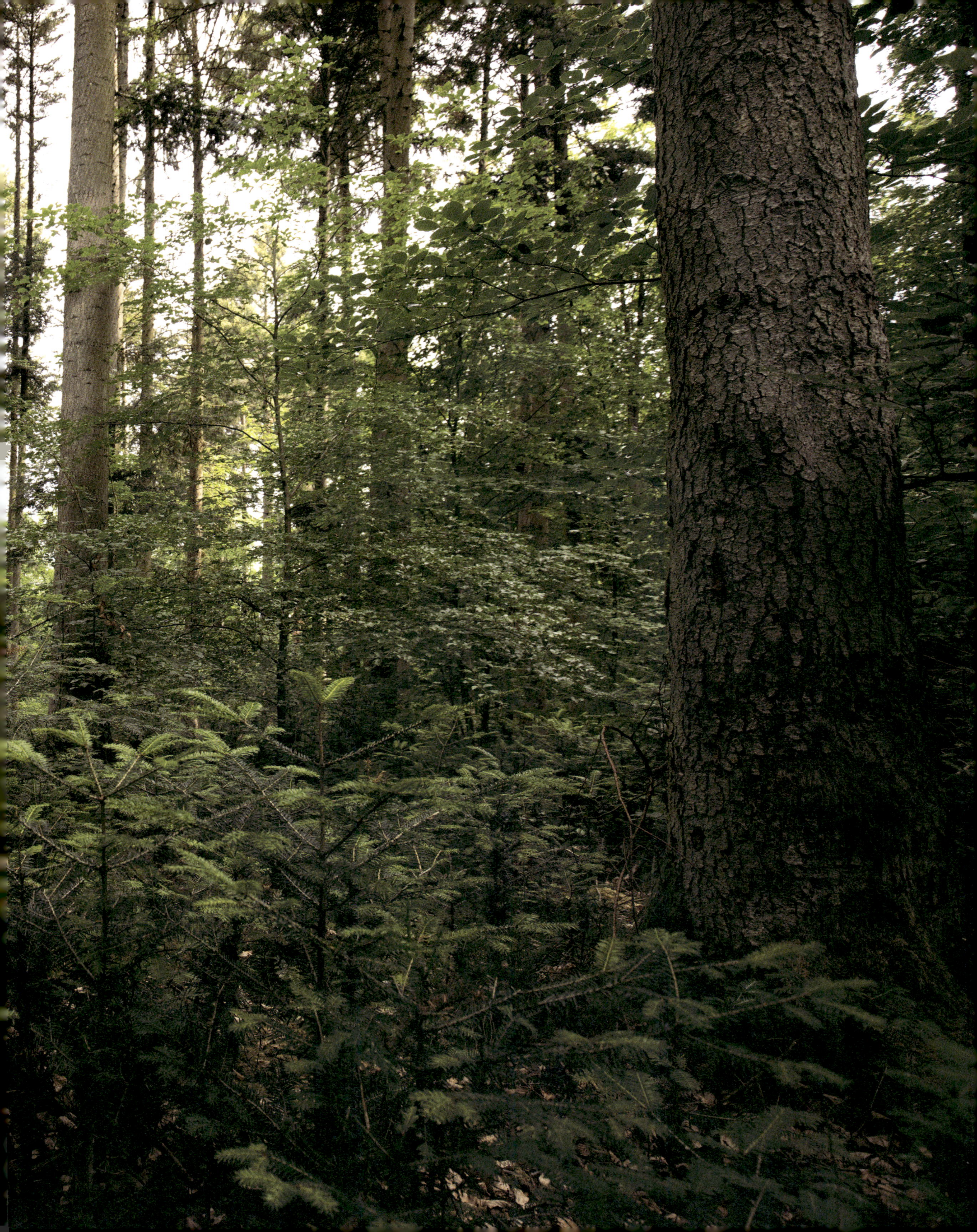

◄ Ein Bild, das Mut macht. Natürlich verjüngte Weißtannen in einem nadelholzreichen Mischbestand im südöstlichen Teil des Forstamtes Darmstadt. Die Weißtanne kann mit den veränderten Klimabedingungen besser umgehen als die Fichte und die Rotbuche. Durch verändertes Klima verschieben sich die Konkurrenzverhältnisse zu ihren Gunsten. Sie wird mehr Beachtung finden und einen größeren Anteil an künftigen Waldbeständen haben. Sie ist zwar kein Wunderbaum, aber ganz klar eine Gewinnerin der Klimaveränderung.

► Wald an seinen Grenzen. Die Waldkiefern auf Dünenstandorten, hier auf der »Griesheimer Düne« westlich von Darmstadt, zeigen den trockenen Grenzbereich für Wälder.

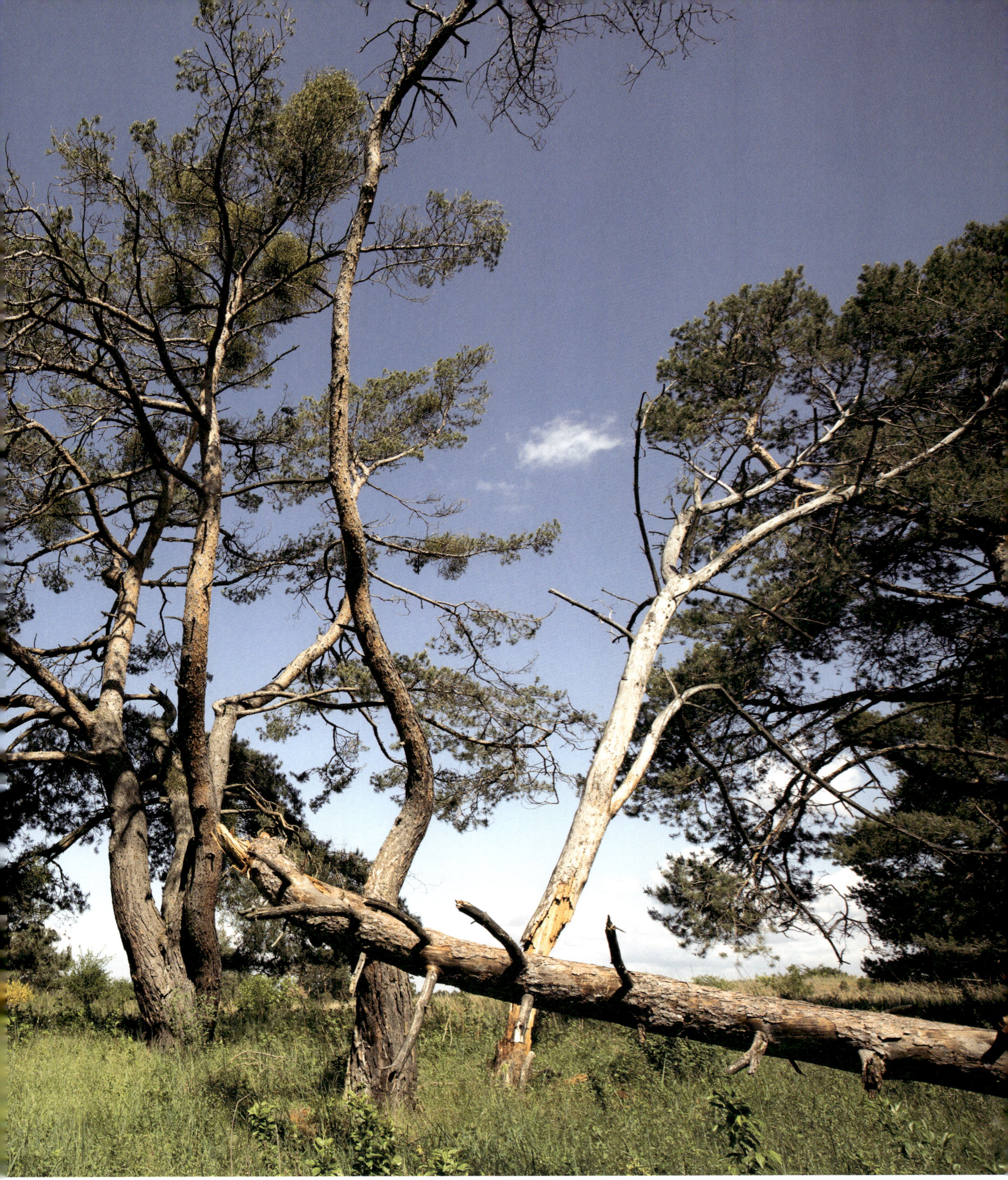

▲ Baumgesichter – Bäume eröffnen bei richtiger Betrachtung eine Vielzahl von Interpretationsmöglichkeiten und geben uns Denkweite.

▲ Ein Baumgesicht entsteht. Die Nase und ein Auge fehlen noch und fertig ist das »Mondgesicht«.

▲ Der Schrei – frei nach Edvard Munch.

▲ Behilflich dabei sind Spechte, die durch die Anordnung ihrer Höhlen fantastische Gebilde schaffen und dem Wald neue Gesichter geben.

▶ Wald in Auflösung. Dramatisches Baumsterben in den westlichen Wäldern Darmstadts, verursacht durch menschlichen Einfluss. Klimaveränderungen, Grundwasserentnahmen, Waldzerschneidungen und Schadstoffeinträge haben ehemals geschlossene Buchen- und Eichenwälder so stark geschädigt, dass sich das Bild des Waldes radikal verändert und die Versteppung rasant voranschreitet.

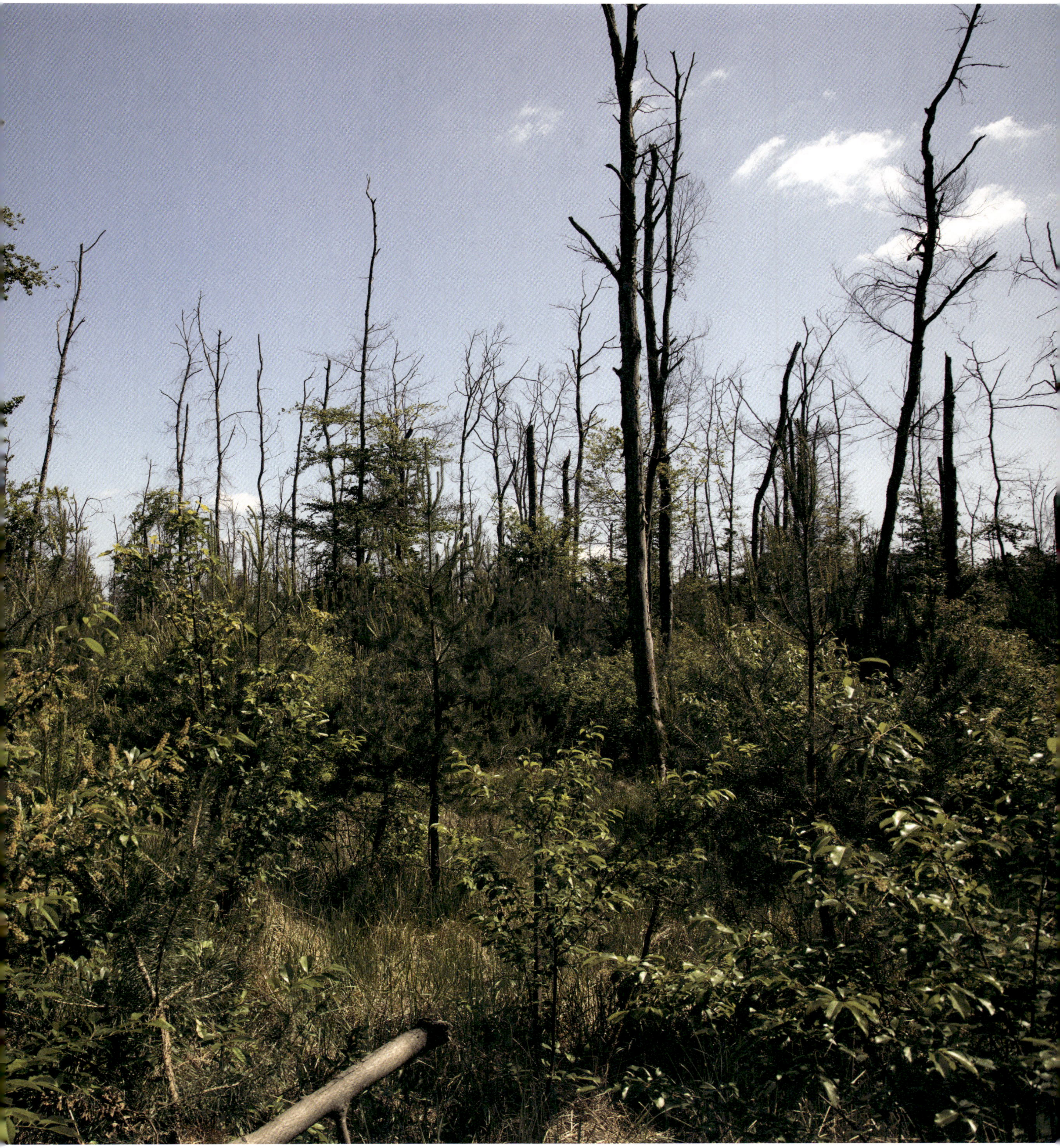

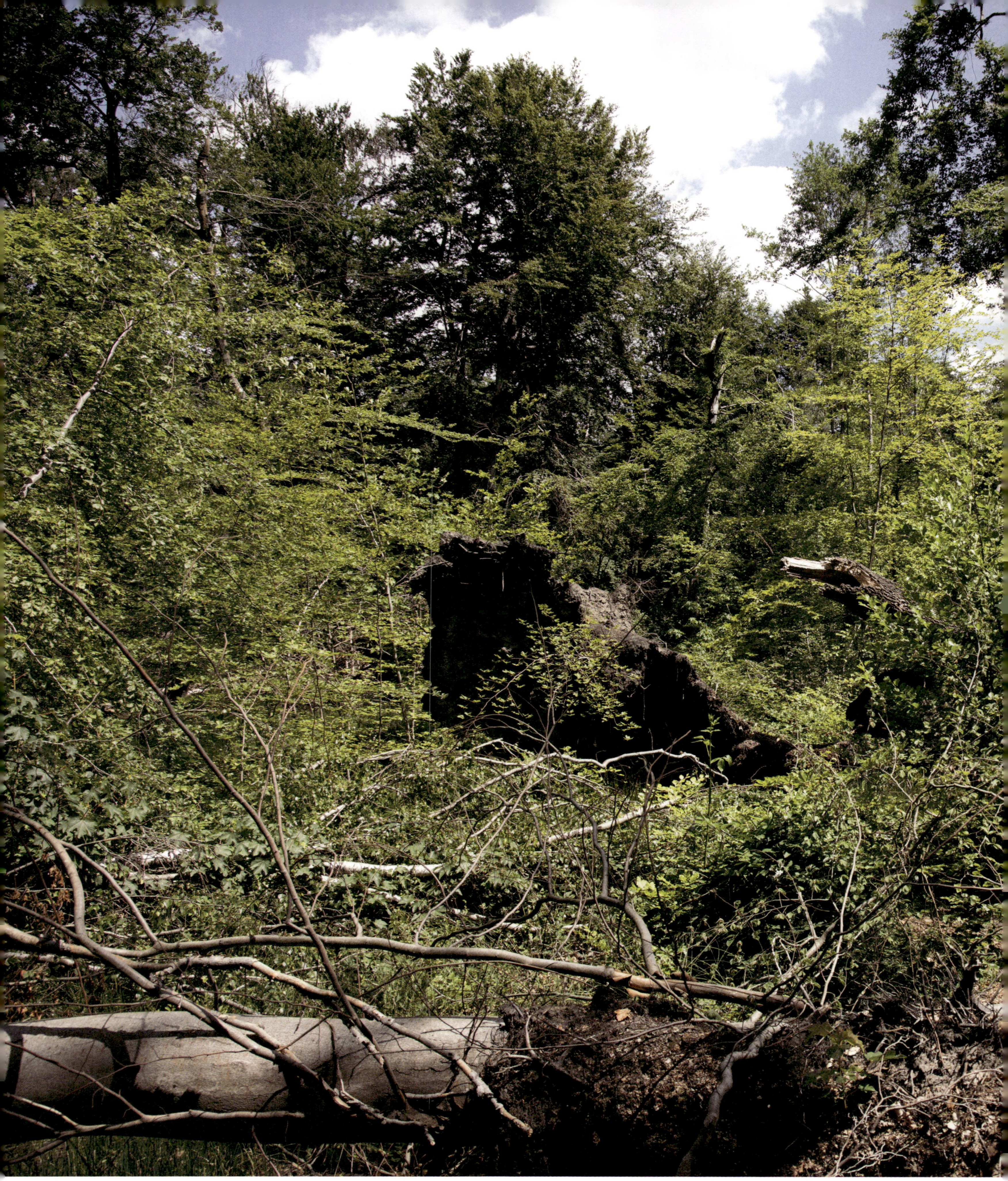

◀ Sturm – Urgewalt. Der Sommersturm Fabienne im September 2018 hat in wenigen Augenblicken uralte Baumriesen wie Streichhölzer abgeknickt oder samt Wurzel umgeworfen und Chaos hinterlassen. Einerseits sind durch den Sturm immense Schäden entstanden, die durch Wiederaufforstungen korrigiert werden. Andererseits bietet sich dem Wald auch die Chance, die Wunden mit seinen Selbstheilungskräften wieder zu schließen. In dem Waldbereich nordöstlich von Darmstadt wird ein Teil der entstandenen Schadflächen der Natur überlassen. Als begehbares Freilandlabor soll es den Waldbesuchern Einblicke in die verschiedenen Phasen der Waldentwicklung geben. Wald kann so spannend sein.

▶ Vom Sturm Fabienne verdrehte Stieleiche im Kleeneck, östlich von Darmstadt. Faszinierend sind der Aufbau und die Stabilität der Holzfasern. Das Schadensbild zeugt von der Gewalt des Sturms und dem Kampf der Stieleiche. Die Wurzel ist im Boden so fest verankert – fast einzementiert –, dass sie den Kräften standgehalten und der Stamm die volle Energie verarbeitet hat.

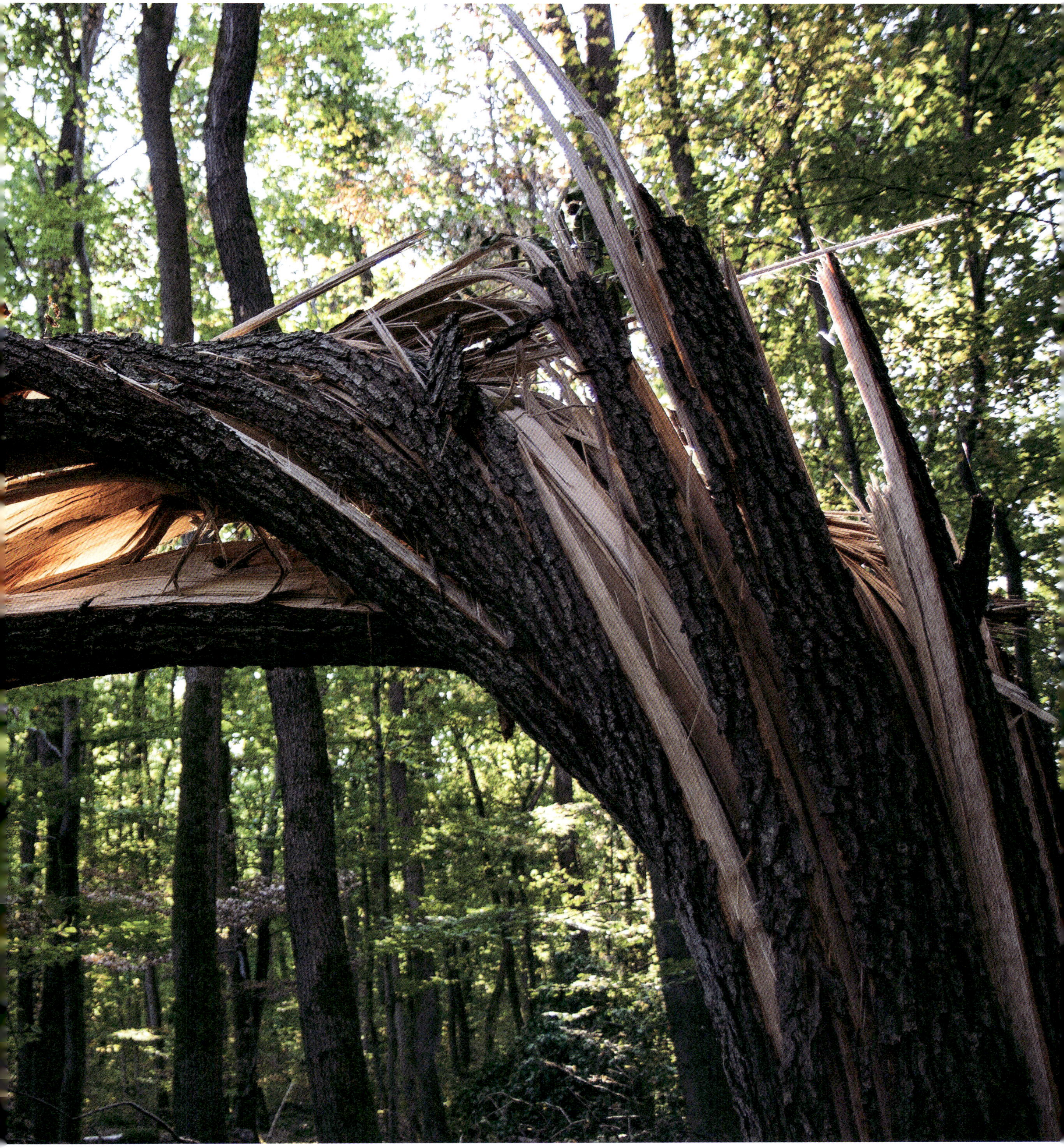

▲ Zunehmende Trockenschäden in den Kronen älterer Rotbuchen führen zu erheblichem Absterben dieser Hauptbaumart im Forstamt Darmstadt.

▲ Bäume sterben von oben her ab. Im unteren Bereich kämpft die Buche im Vordergrund noch um das Überleben. Sie bäumt sich gegen den Verlust ihrer Krone auf und verlagert die grüne Blattmasse nach unten, um weiterhin Photosynthese betreiben zu können. Je nach Klima und Zersetzung durch Pilze und Insekten kann sich dieser Absterbeprozess über mehrere Jahre hinziehen oder aber innerhalb einer Vegetationsperiode vollendet sein.

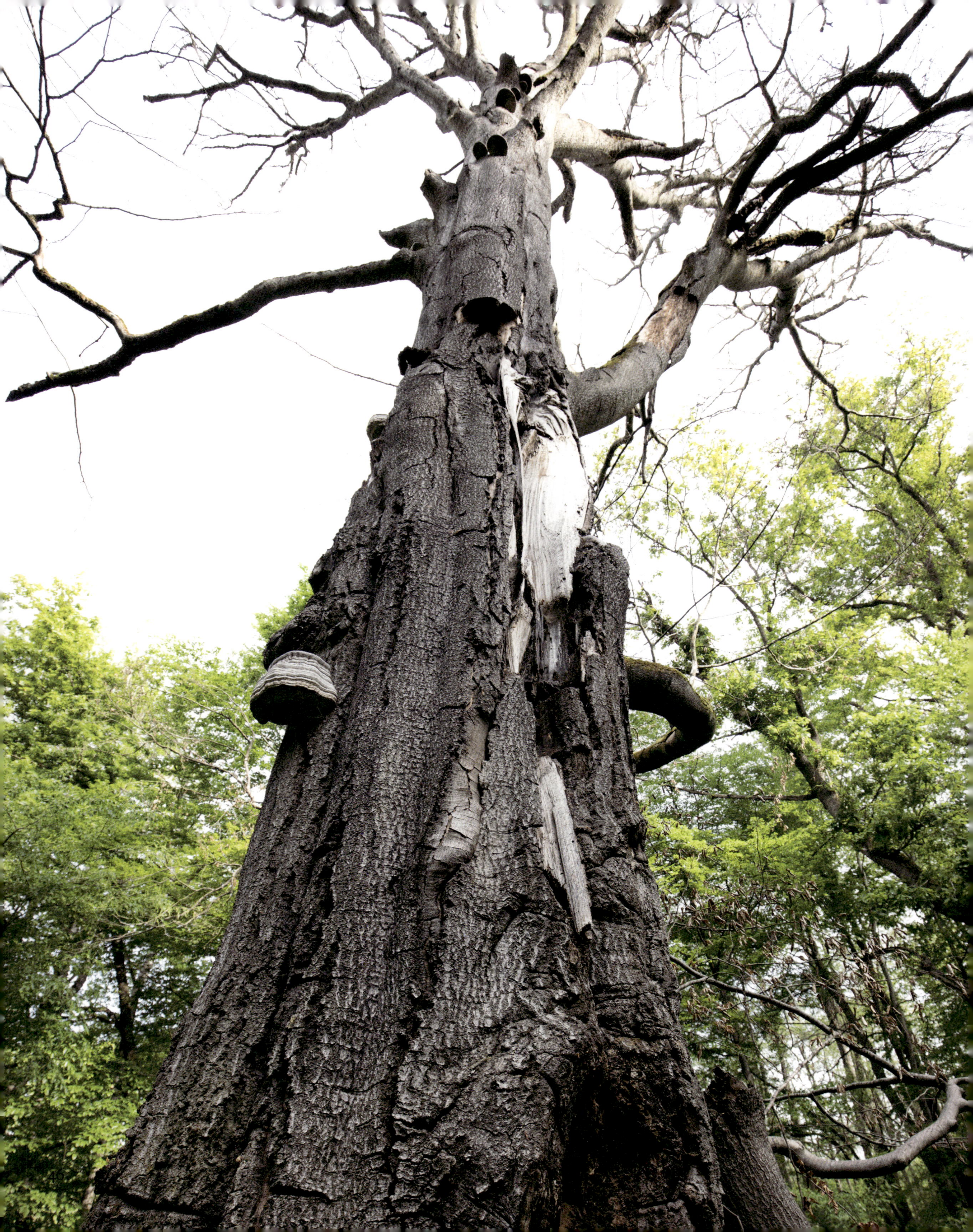

◄ Mit der Auflösung von geschlossenen Kronendächern verändert sich das Waldinnenklima. Es kommt mehr Licht in die Waldbestände. Die Temperaturen in den Beständen steigen. Durch mangelnde Niederschläge und somit weniger pflanzenverfügbares Wasser in der Vegetationsperiode sinken die Transpiration und die Kühlungswirkung zusätzlich. Ein Teufelskreislauf.

▲ Geschwächte Fichtenbestände haben Massenvermehrungen von Borkenkäfern nichts entgegen zu setzten. In ehemals dunklen Beständen begrünt sich der Boden bereits im ersten Sommer, hier mit dem Großen Springkraut. Bekannt auch als »Rühr-mich-nicht-an«.

▶ Charakteristisches Brutbild des Großen Achtzähnigen Fichtenborkenkäfers – Buchdrucker. Borkenkäfer gehören mit zum Ökosystem Wald und sind dort ständig vorhanden. Bei günstigen Bedingungen mit viel bruttauglichem Material, oft nach Sturmwürfen, kann es zu Massenvermehrungen des Käfers kommen. Wenn dann noch hohe Temperaturen und geringe Niederschläge zur zusätzlichen Schwächung der Bäume beitragen, ist ein flächenhaftes Absterben von Fichtenbeständen unausweichlich.

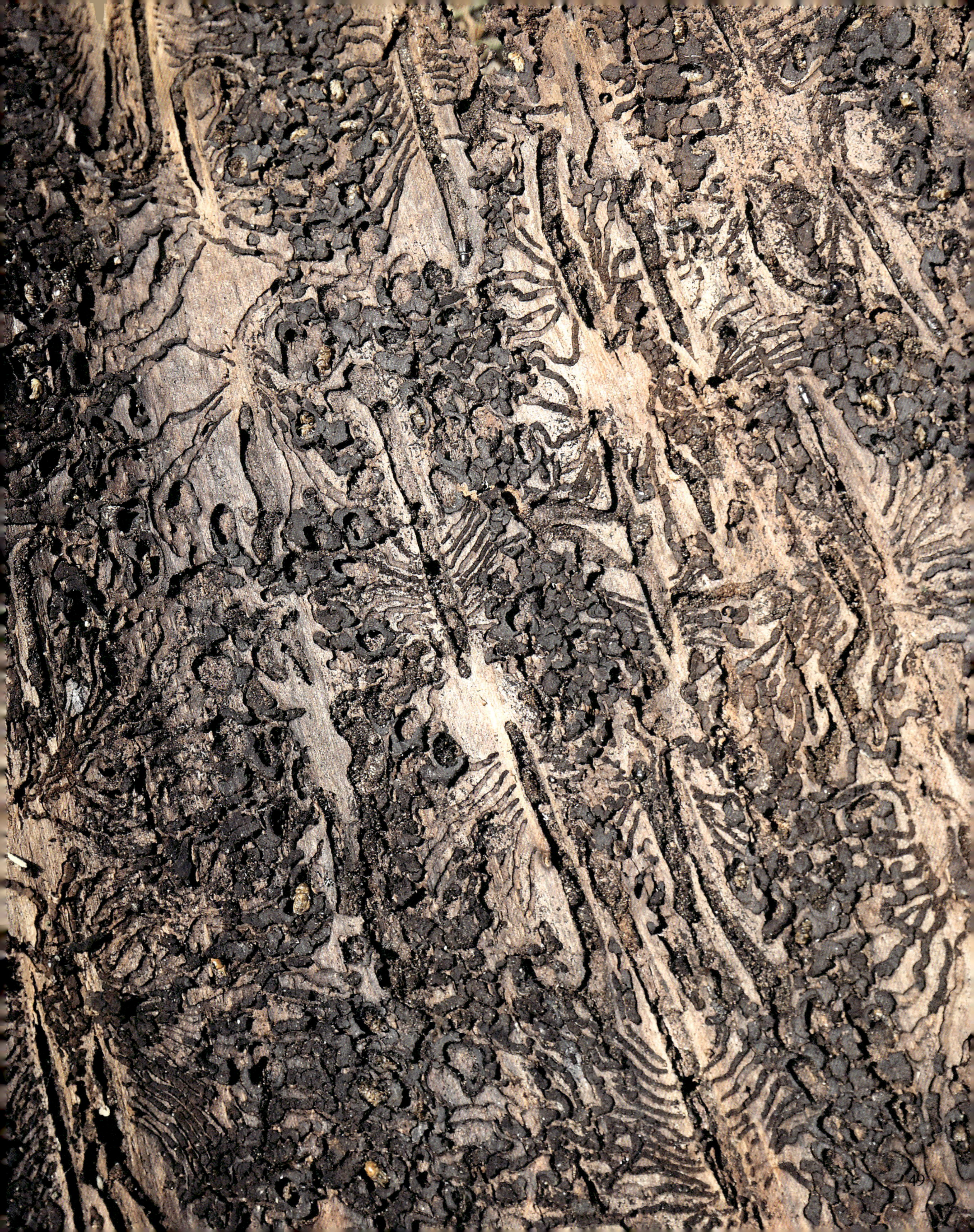

▶ Kalksandkiefernwald. Ein Relikt extremer menschlicher Nutzung. Heute als Naturschutzgebiet im Süden von Darmstadt, zwischen Eberstadt und Bickenbach, Rückzugsort seltener Pflanzen- und Tiergesellschaften. Die einstige Nutzung wird heute durch Beweidung und zum Teil durch Ausrechen der Nadelstreu nachgeahmt, um den Lebensraum zu erhalten.

▼ Große Fichtenbestände waren in Darmstadts Wäldern wegen der standörtlichen Bedingungen nie vorhanden. Die trockenen und heißen Sommer 2018-2020 lassen diese Baumart fast gänzlich aus den Waldbeständen verschwinden.

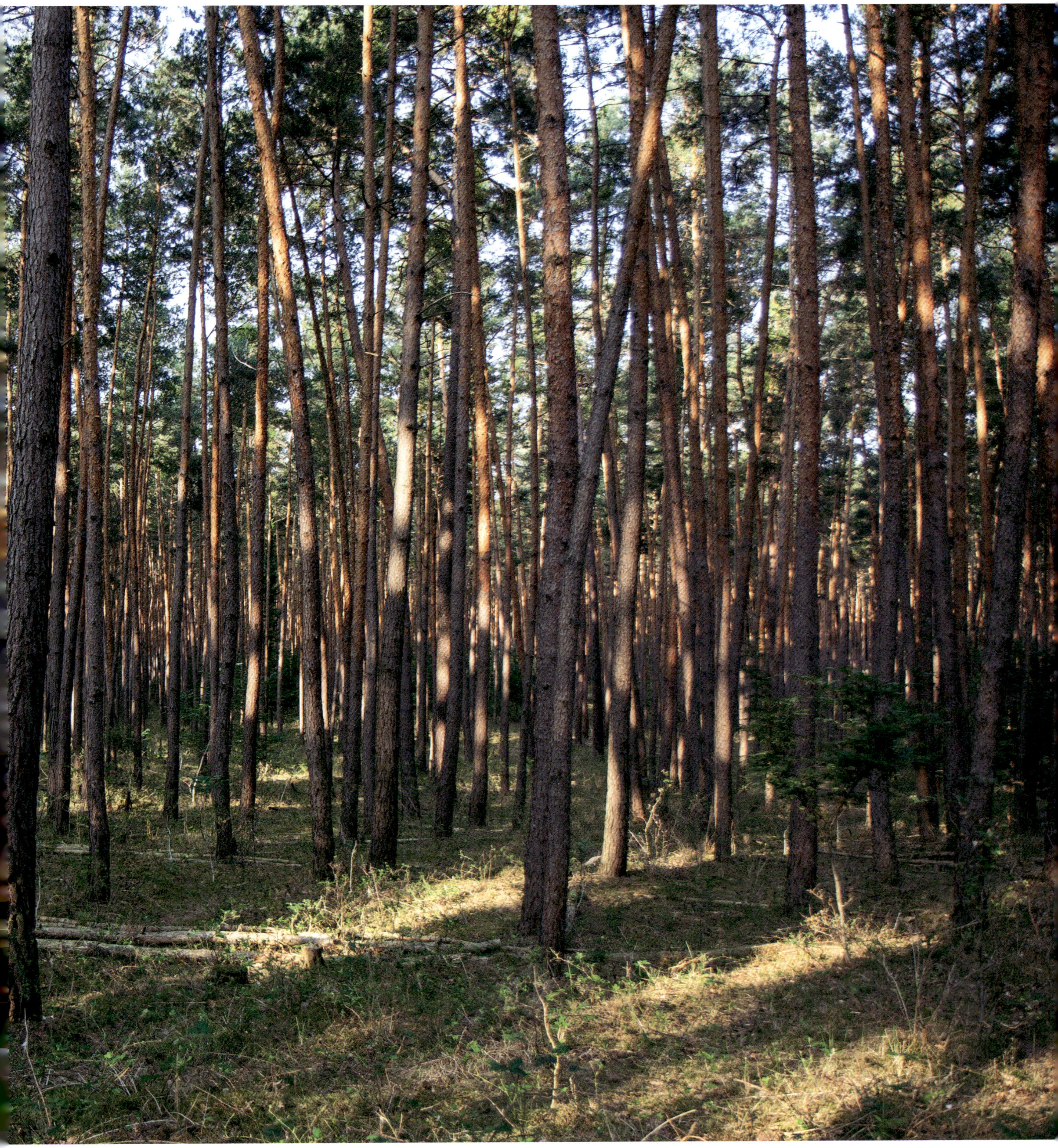

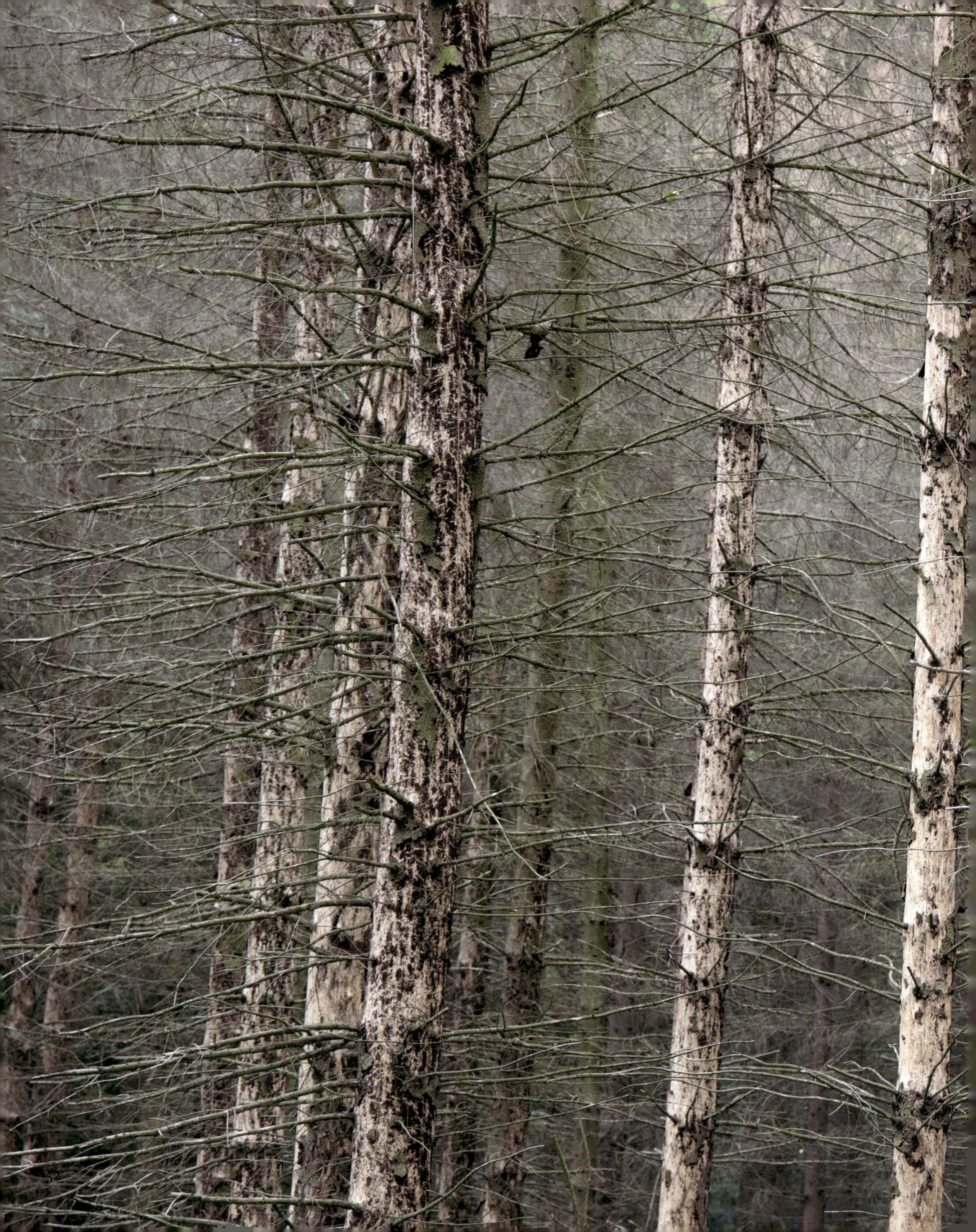

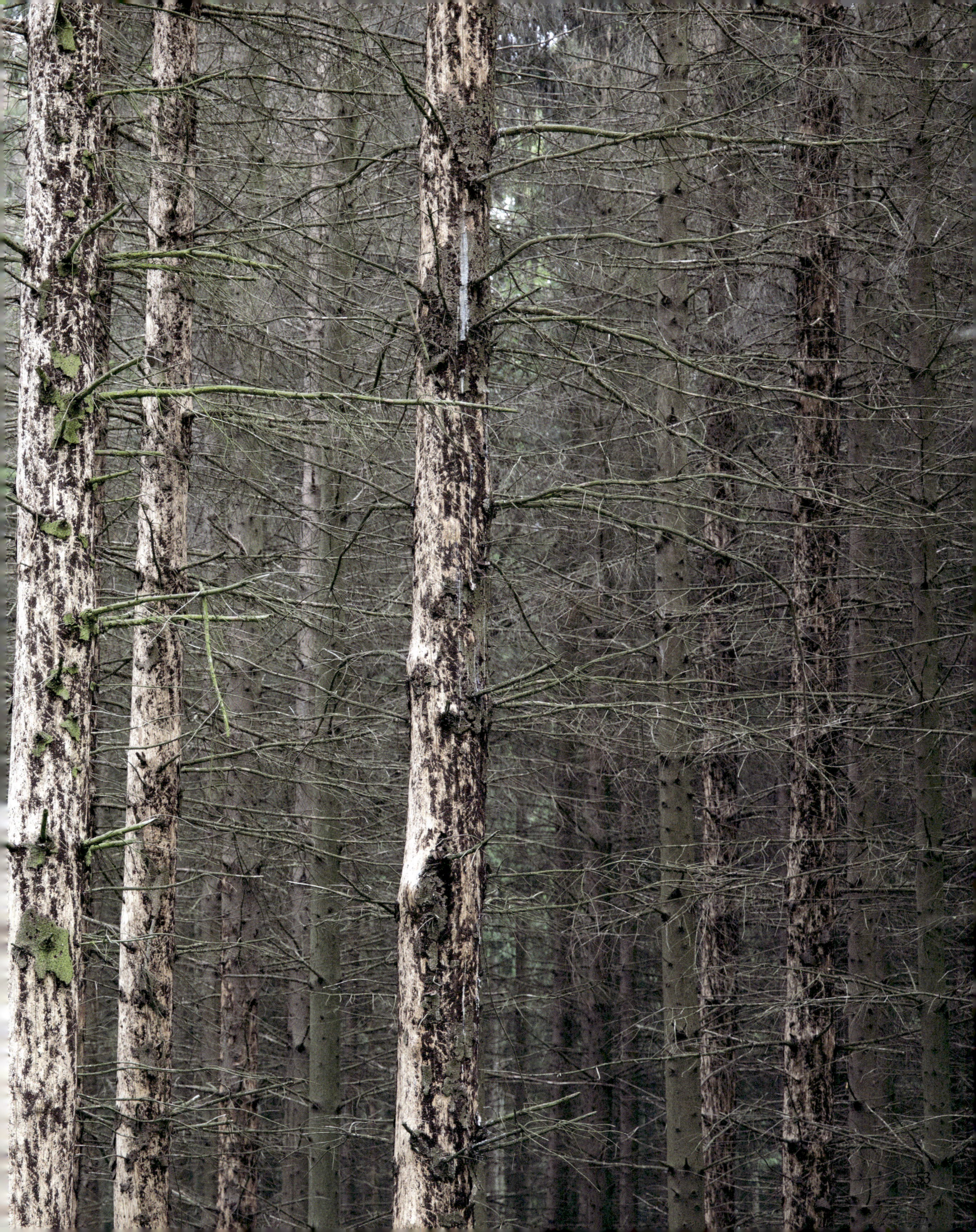

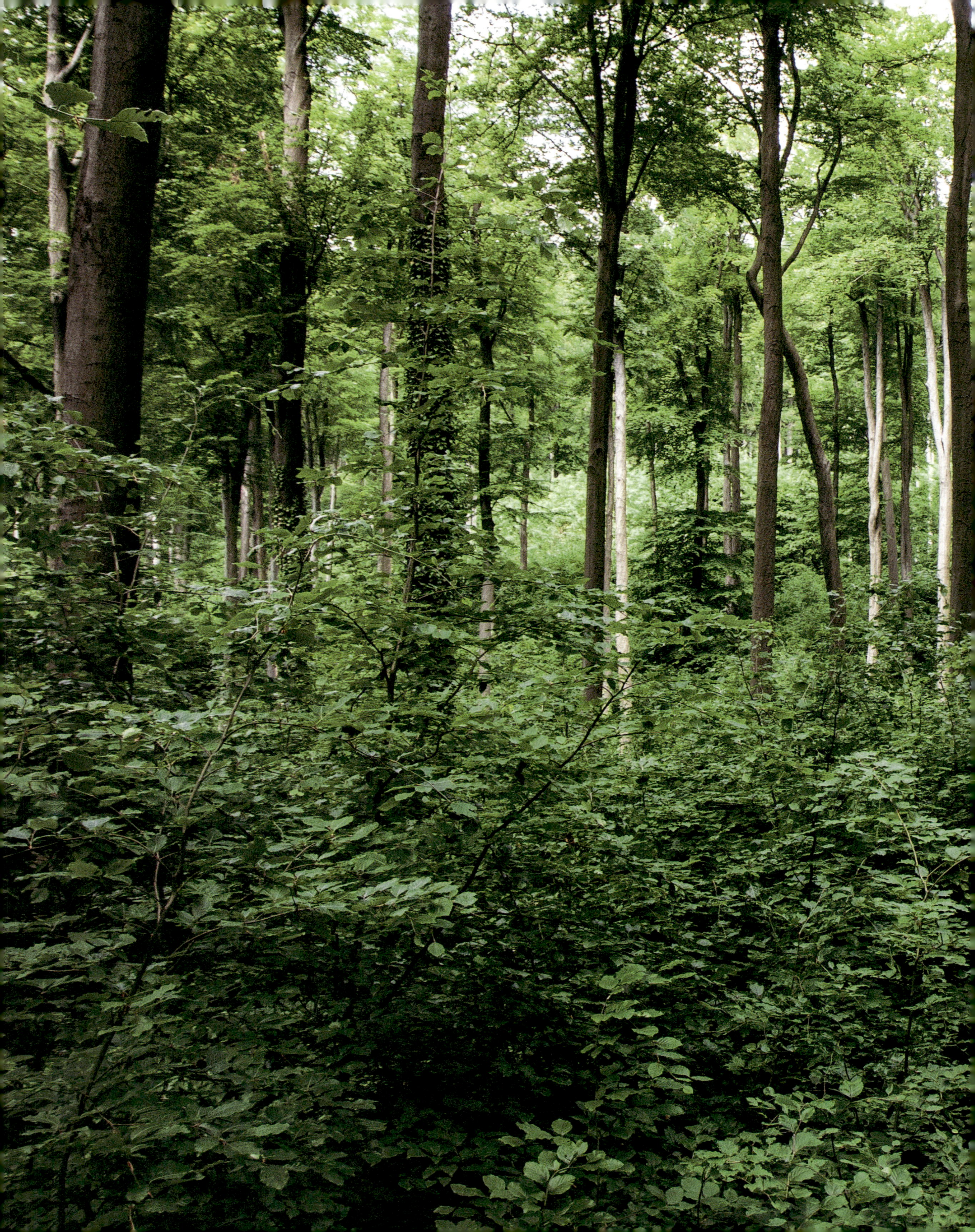

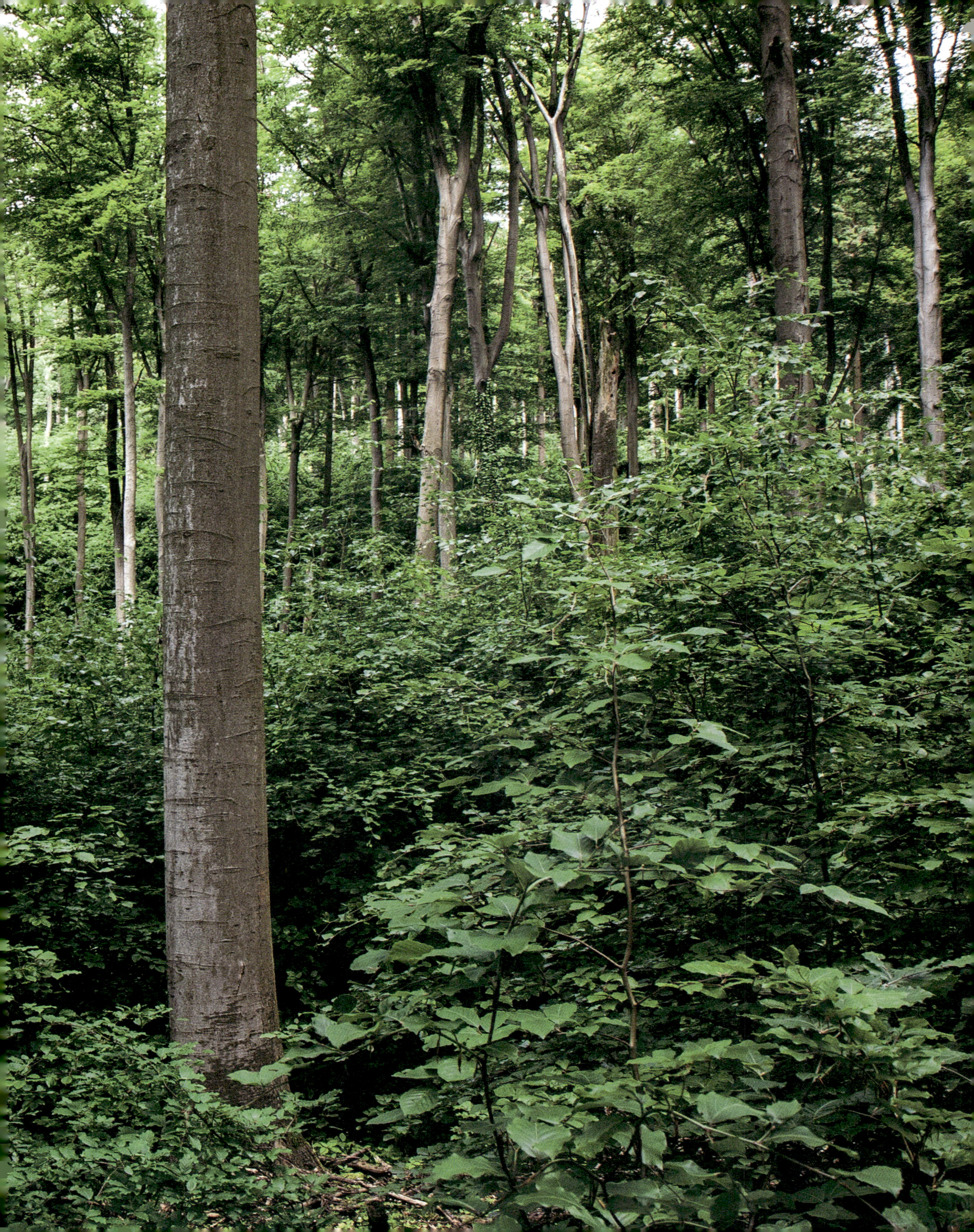

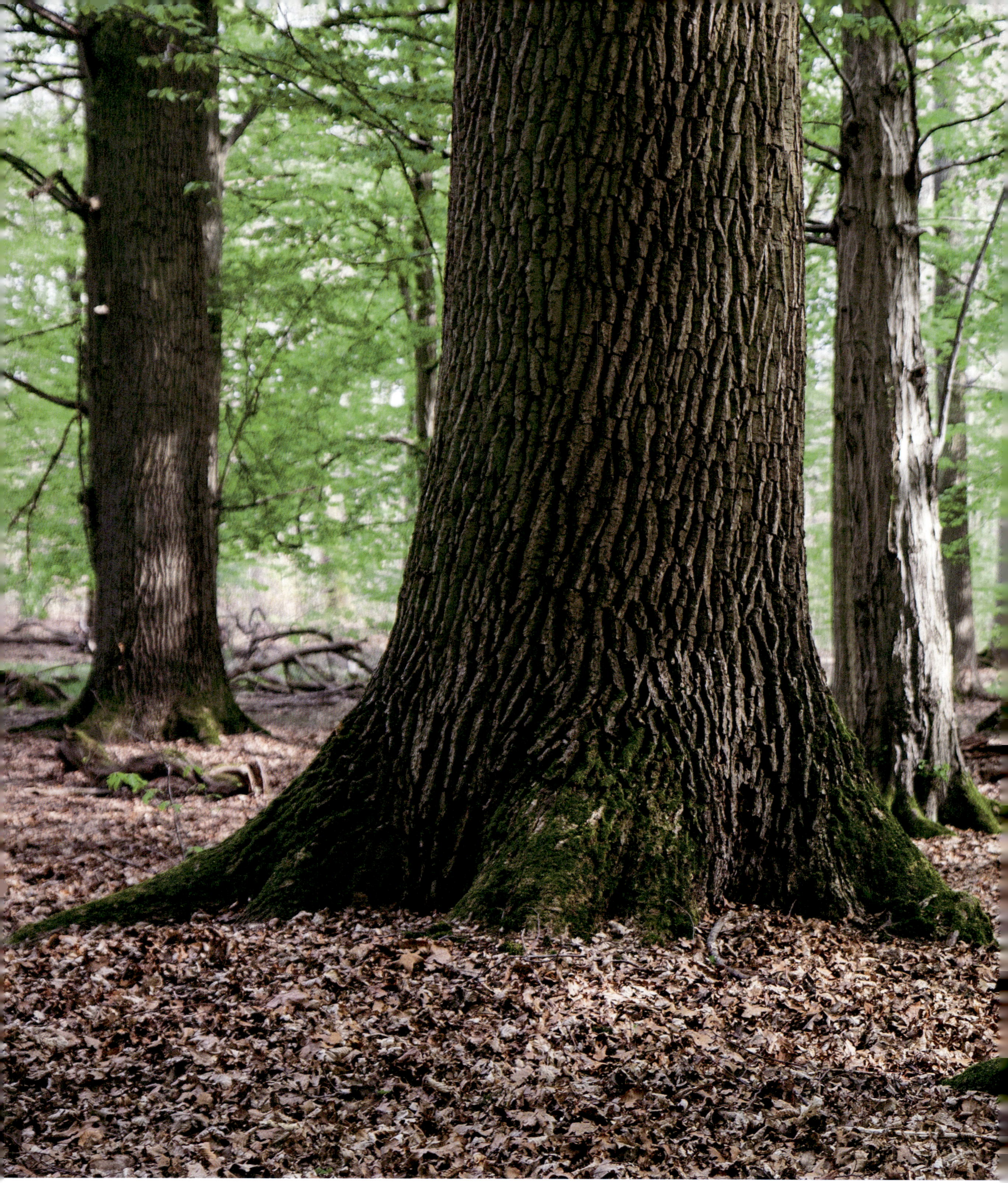

◄◄ Buchenoptimum – Hervorragende Wuchsbedingungen findet die Rotbuche an den Osthängen der Bergstraße und im vorderen Odenwald. Hier am Osthang des Frankensteinmassivs südlich Darmstadts.

◄ Stieleichen-Hainbuchen-Wälder. Sie sind bestandsprägend im Messeler Hügelland auf steinigen, tonigen Lehmböden des Rotliegenden. Gigantische Eichenriesen sind hier im Kranichsteiner Wald östlich Darmstadts in großen Waldbereichen bestandsbildend.

▶ Buchenwälder mit Blocküberlagerungen werden im vorderen Odenwald südöstlich Darmstadts häufiger. Mit zunehmender Meereshöhe in Richtung der südlichen Forstamtsgrenze nimmt auch das Höhenwachstum der Buche ab. Hier im Bereich der Modauquelle südlich von Brandau im »Oberwald«.

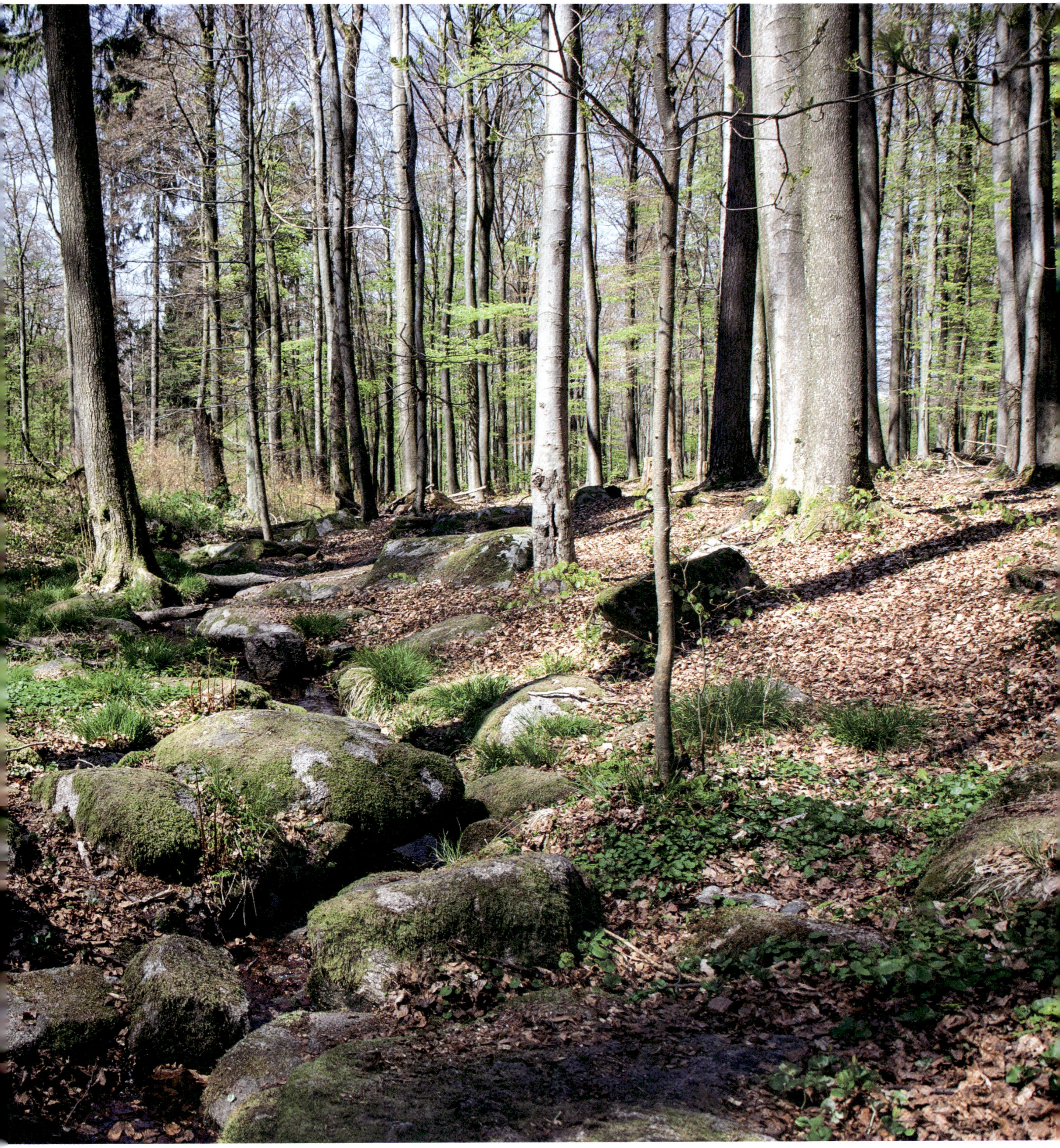

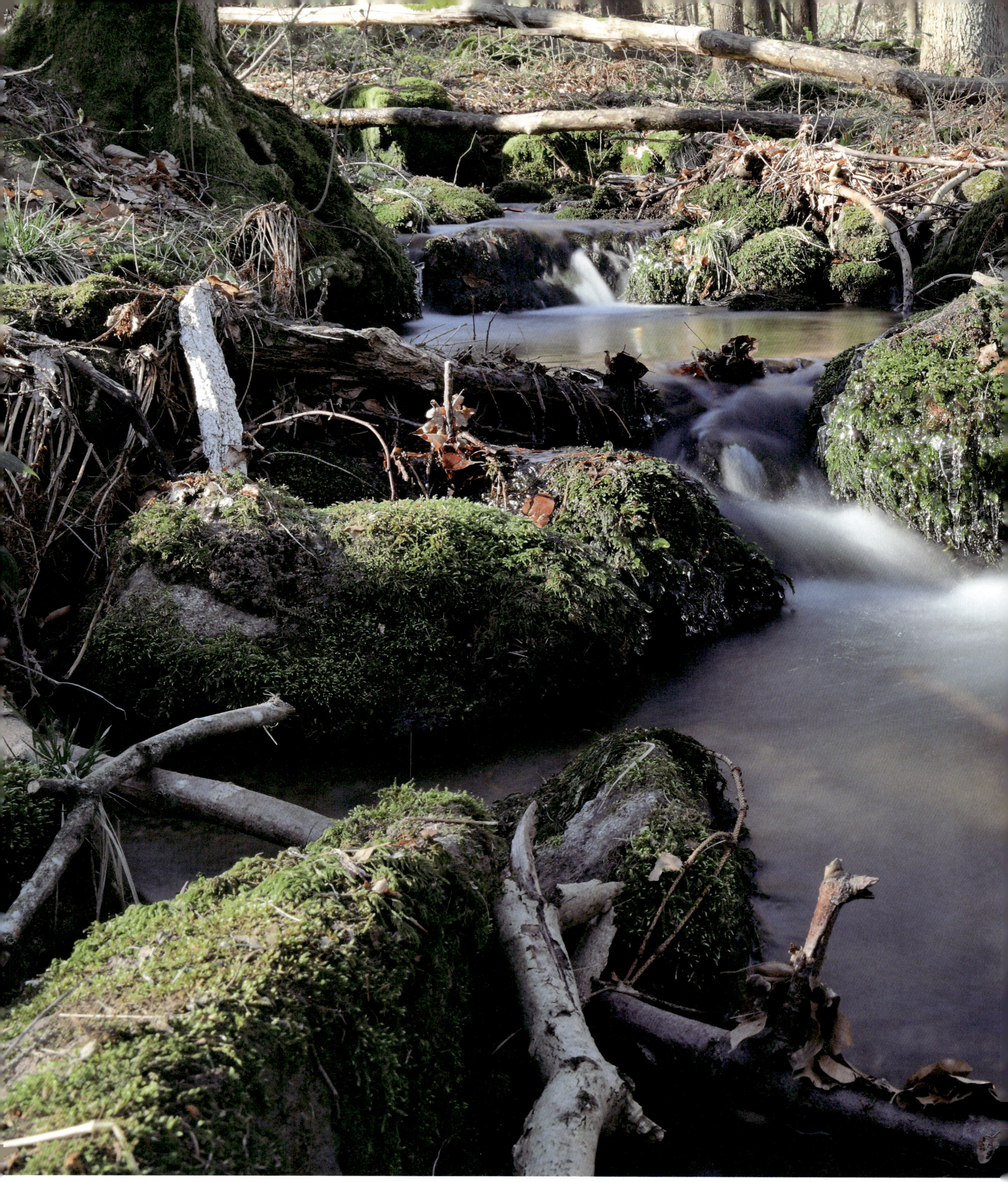

◄ Wasser ist Leben. Waldbach im Frühling mit ausreichend Wasser.

▲ Entlang der Silz findet man bachbegleitende Erlenwälder mit Weiden und Eschen und kleine Erlenbruchwälder.

▶ Spiegelung am Dianateich. Unmittelbar an der Dianaburg ist der malerische Dianateich mit seiner Insel gelegen. Angelegt vom »Teichlandgrafen« Ludwig dem V., benannt nach der römischen Göttin der Jagd, diente er ursprünglich der Fischzucht und Versorgung der landgräflichen Küche mit Speisefischen. Der Teich ist heute Teil des Naturschutzgebietes »Silzwiesen von Darmstadt-Arheilgen«. Die letzte wissenschaftlich begleitete Befischung des Teiches im Jahr 2019 hat eine stabile, kleinwüchsige Population der Fischart »Schleie« nachgewiesen.

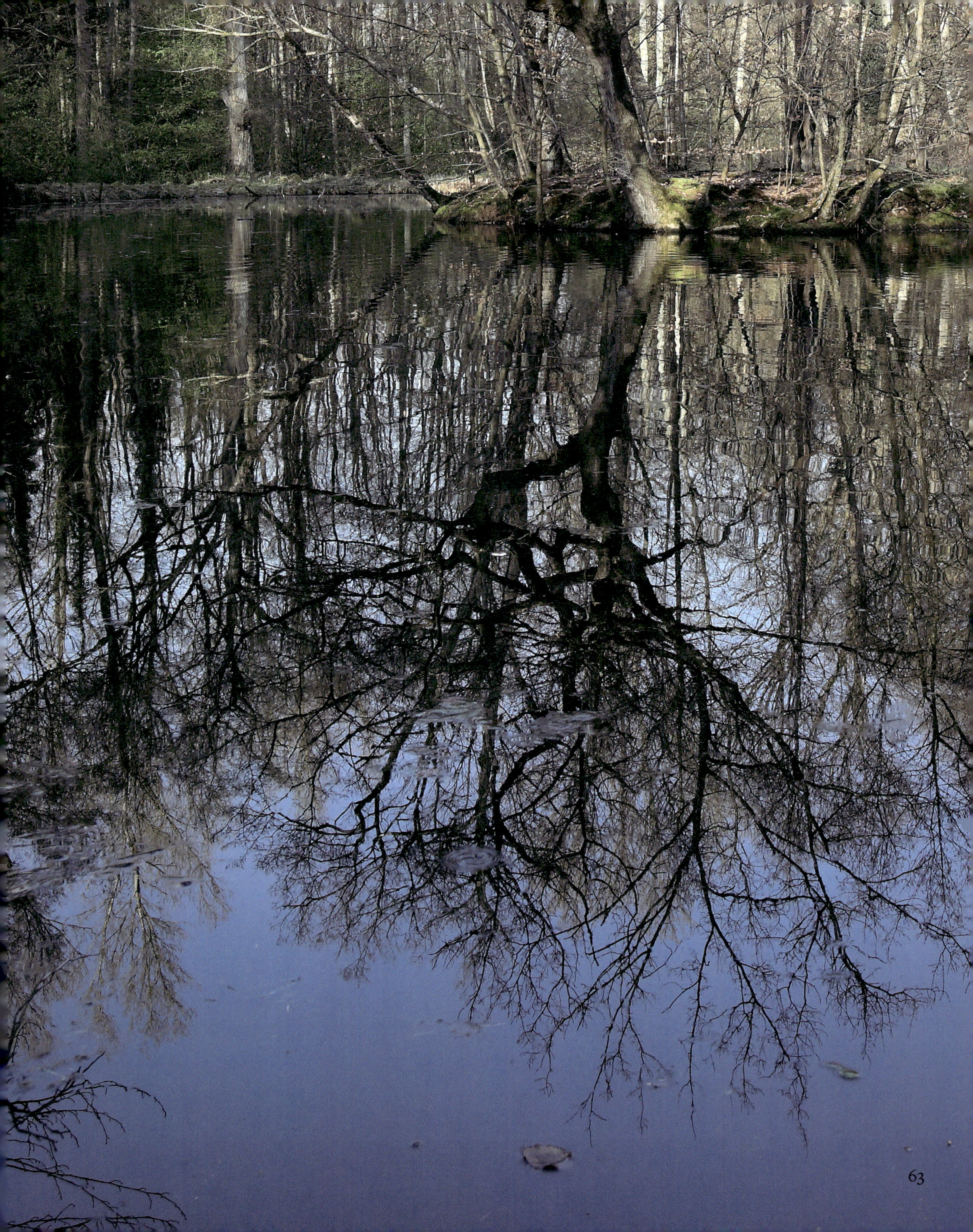

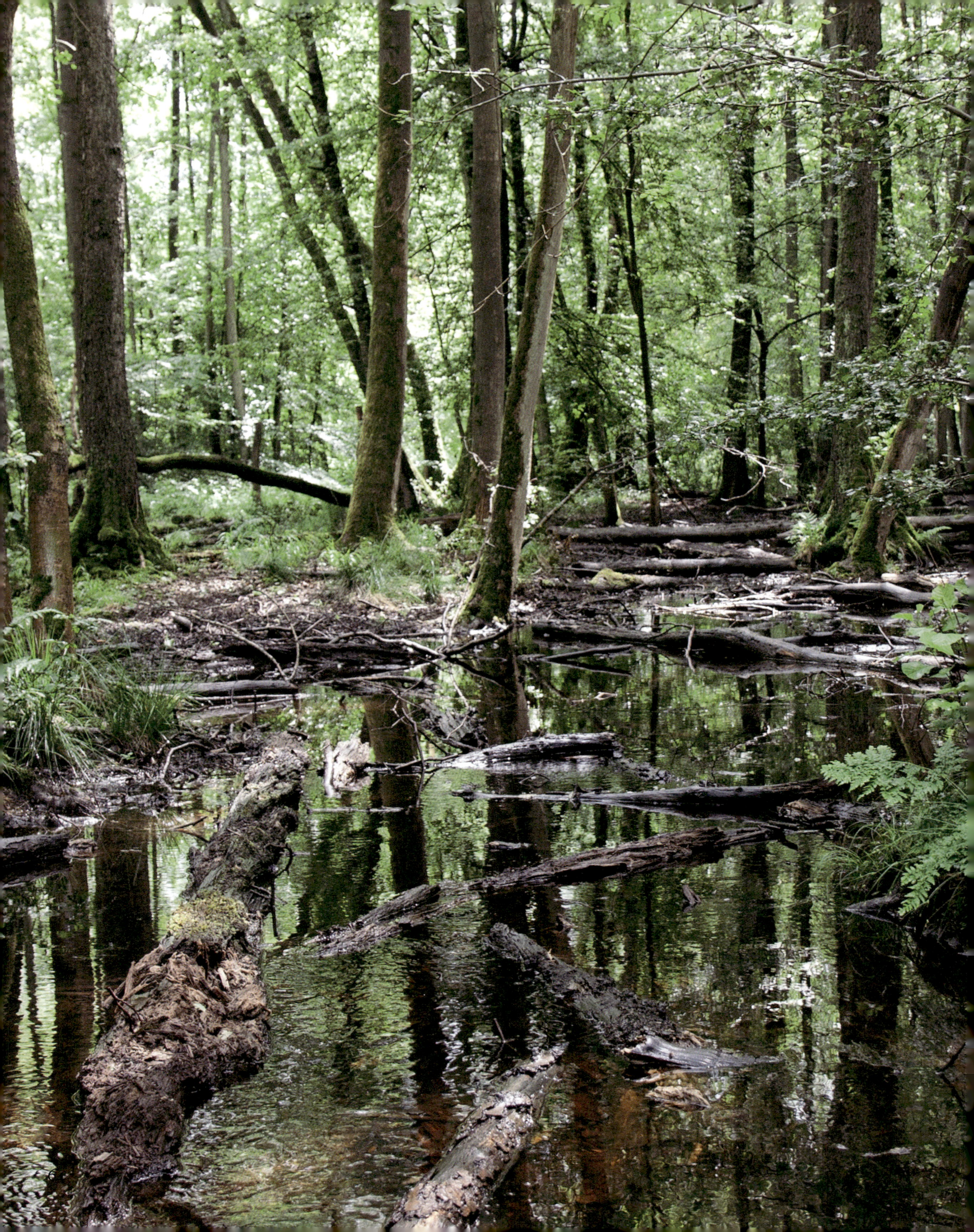

◄ Je nach Tonanteil neigen die Waldböden im Messeler Hügelland zu Staunässe. Bei größeren Niederschlägen kann das Regenwasser dann nicht vollständig versickern, bleibt im Bestand stehen oder fließt oberflächig ab.

▲ Staunasser Stieleichen-Hainbuchenwald mit Roterlen. Nach stärkeren Regenfällen bleibt das Regenwasser mehrere Tage oder Wochen im Bestand stehen. Die Bäume haben zum Teil Brettwurzeln ausgebildet um einen stabilen Stand zu haben.

▶ Entlang der Silzwiesen östlich Darmstadts kann die Silz frei mäandrieren. Sie bildet dabei imposante Bachschleifen aus.

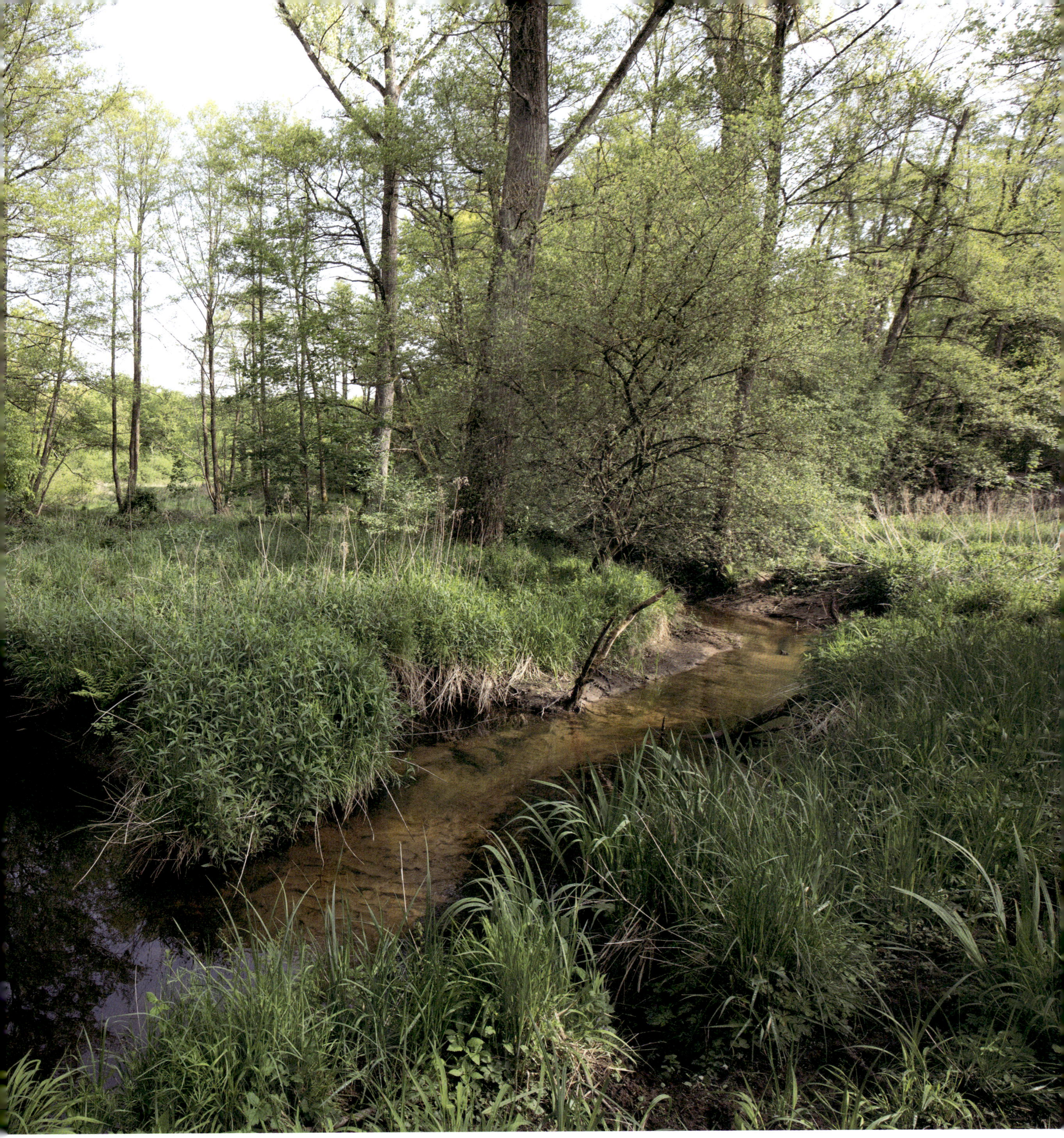

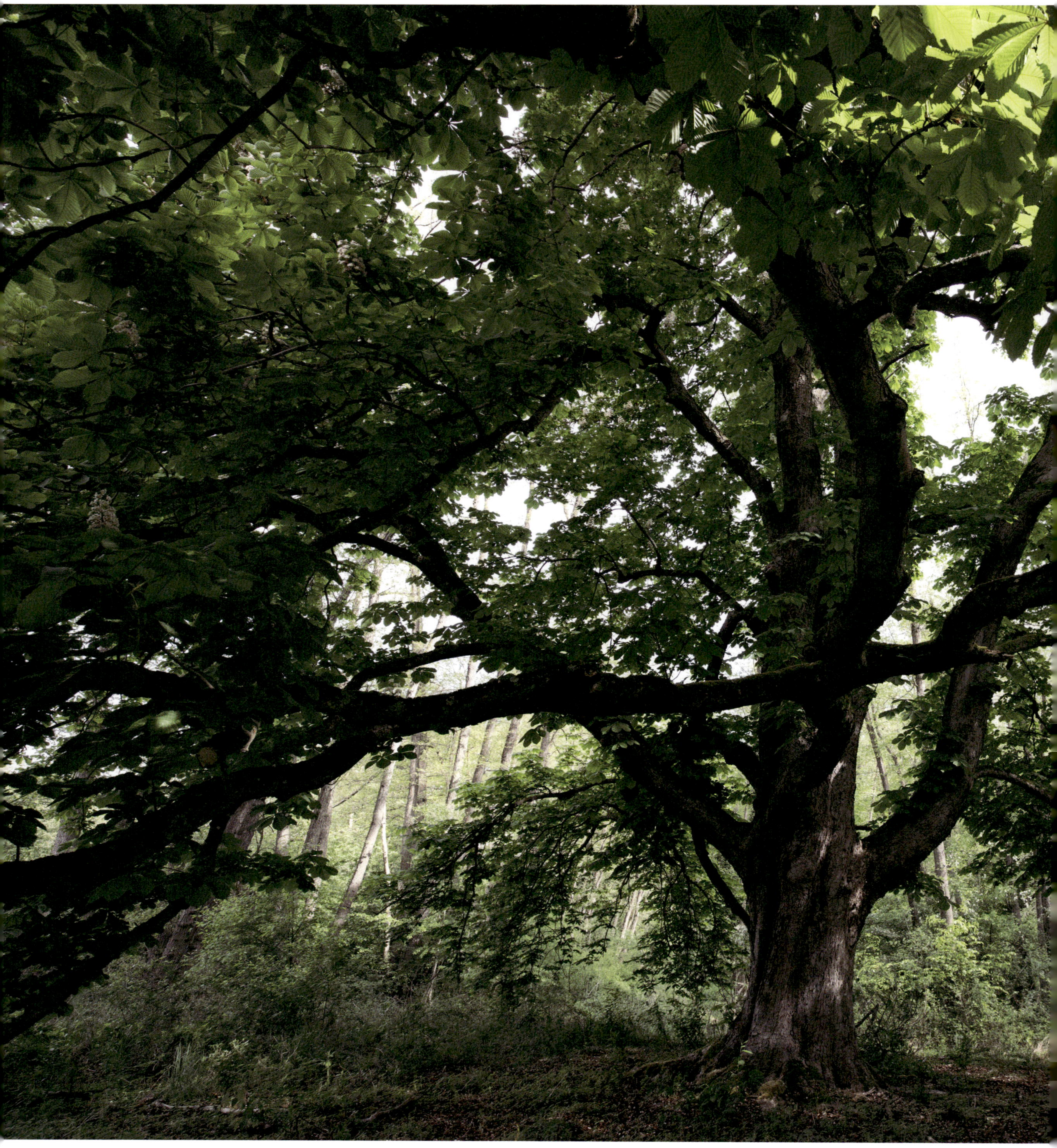

◀ Großkronige, solitäre alte Rosskastanie. Vereinzelt findet man diese alten Riesen noch. Ursprünglich wurden sie aus jagdlichen Gründen zur Wildfütterung angepflanzt. Heute spenden diese Zeitzeugen vorzüglich Schatten und laden zur Rast ein.

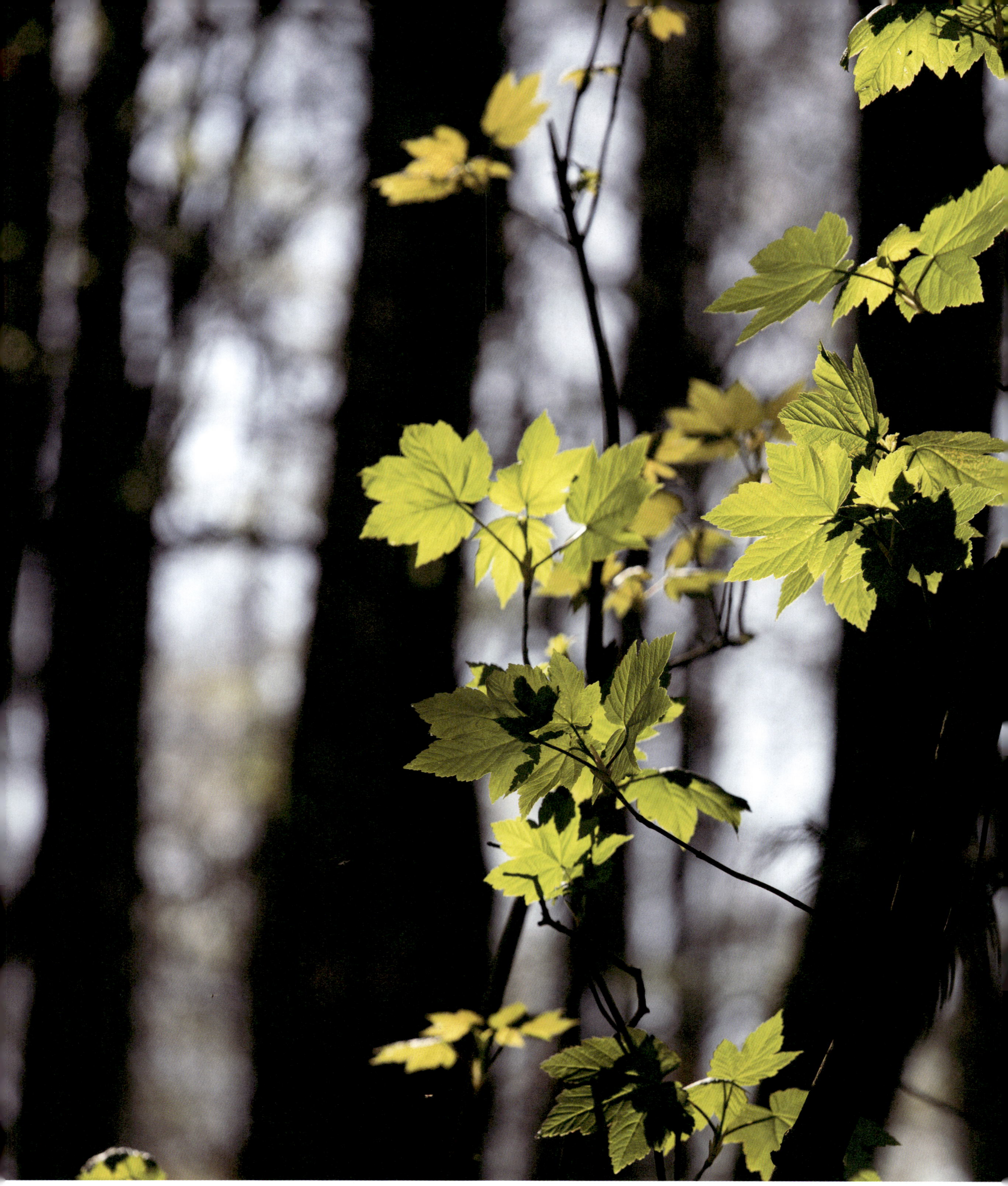

◄ Die Mischung macht's! Bergahorn und Douglasie aus Naturverjüngung.

► Blick ins Kronendach: Die Buchen haben Ihre frischen Blätter schon ausgetrieben. Die Lärche am rechten Rand schiebt ihre Nadeln gerade erst dem Licht entgegen.

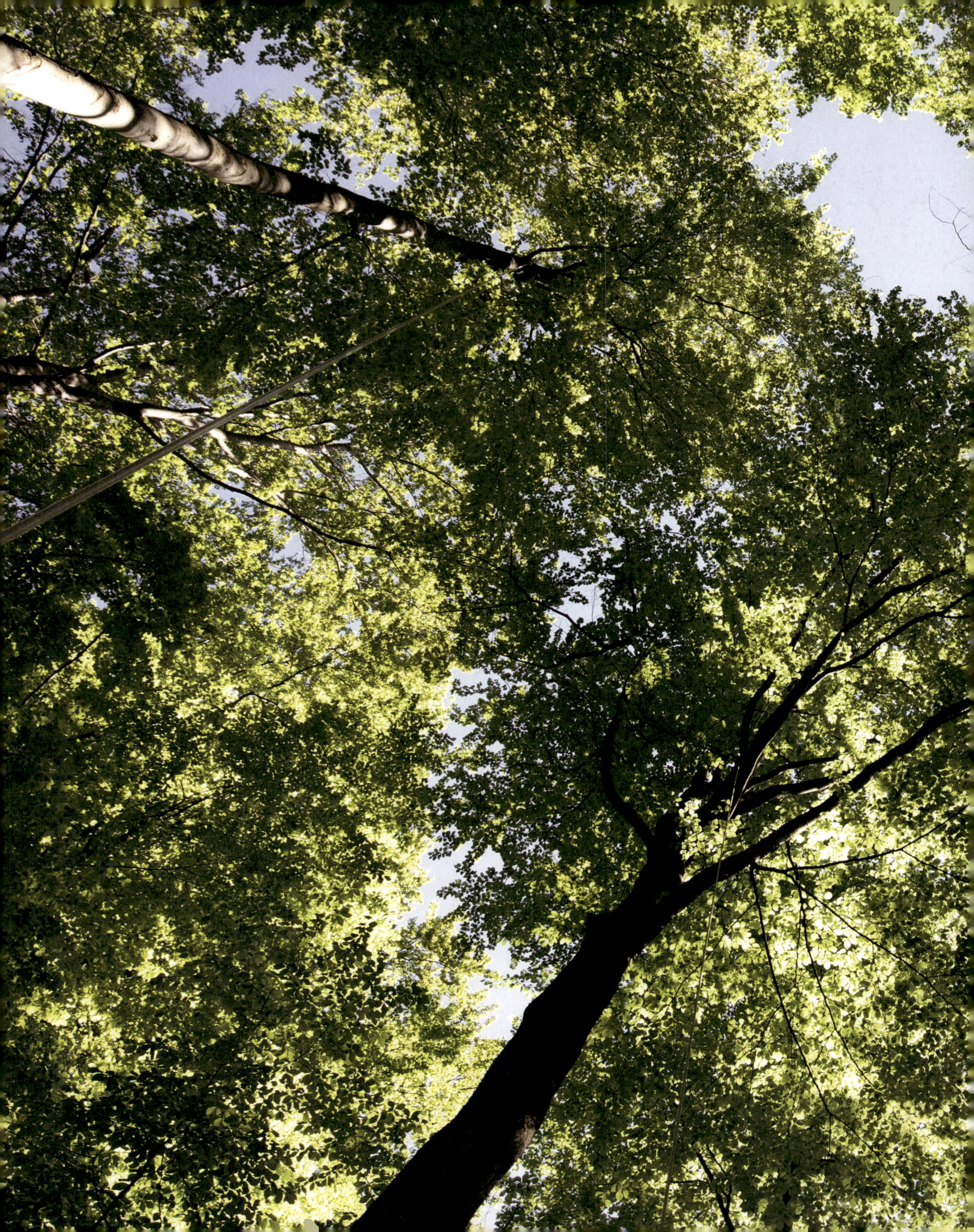

73

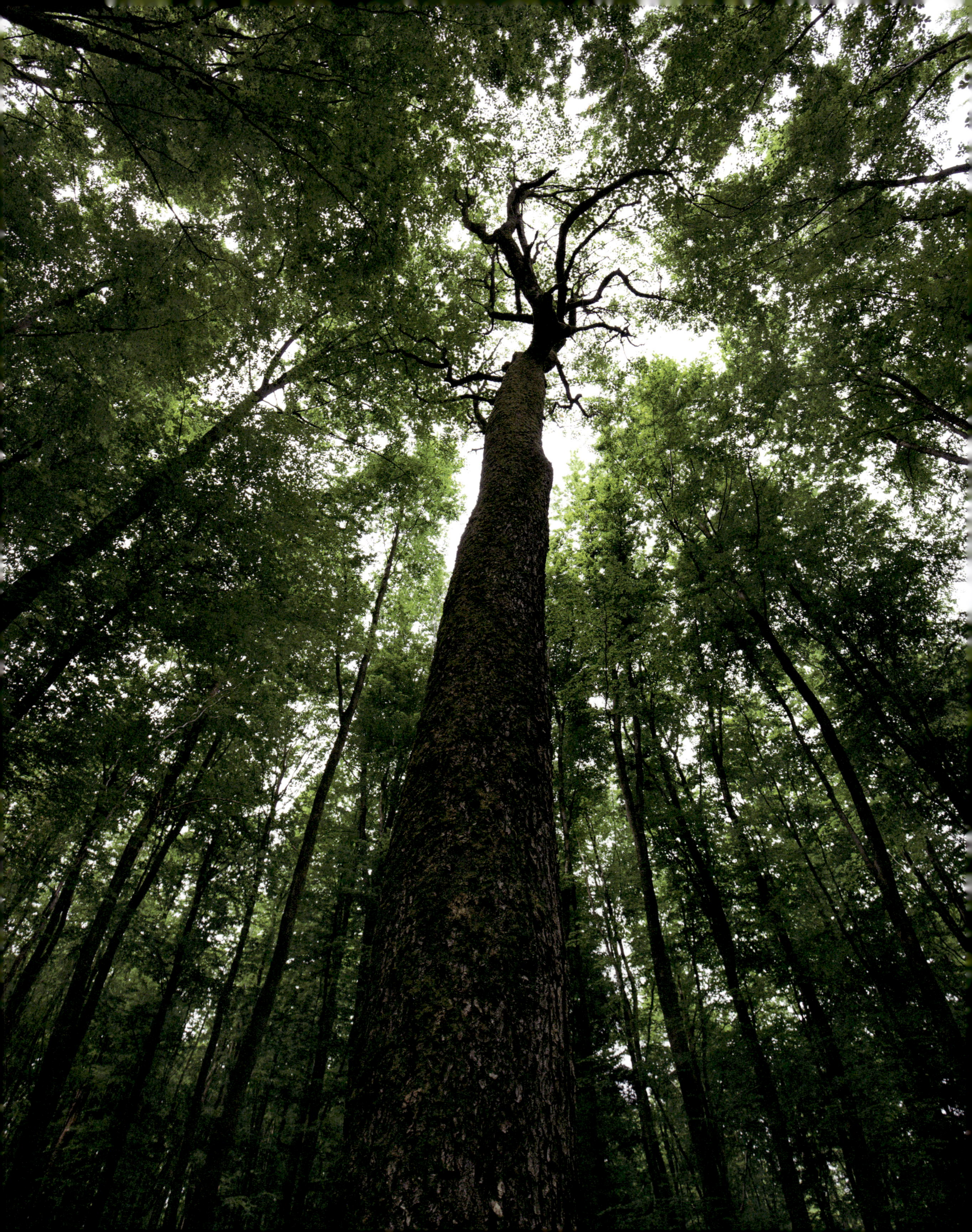

◄ Eine wahre Klimagewinnerin, die Elsbeere. Hier ein stattliches Exemplar, der als »Lockige Else« bezeichneten Baumart, eingebettet von Rotbuchen. Der wärmeliebenden Elsbeere wird bei der Neuanpflanzung von klimastabilen Mischwäldern heute wieder mehr Raum gegeben. Vorhandene Exemplare gilt es gegenüber der vielerorts konkurrenzstärkeren Rotbuche zu fördern.

▲▲ Alte Rosskastanien bilden eine Allee an der Speierhügelschneise. Die Kastanien spenden Schatten und sind gleichzeitig ein landschaftsprägendes Element im Naturschutzgebiet »Silzwiesen von Darmstadt-Arheilgen«.

▲ Im Süden Darmstadts sind Kiefern oft bestandsbildende Baumarten. Hier durchziehen sandige Wege das Naturschutzgebiet »Kalksandkiefernwald bei Bickenbach, Pfungstadt und Seeheim-Jugenheim«.

▲ Waldwege. Ob gerade oder verschlungen, ob befahrbar oder nur als Fußpfad – sie fordern uns auf, tiefer vorzudringen und den Wald zu erkunden.

▶ Kleine Birkenallee. Ein verwunschener Fußpfad an der Ringelsbornwiese im Kranichsteiner Wald.

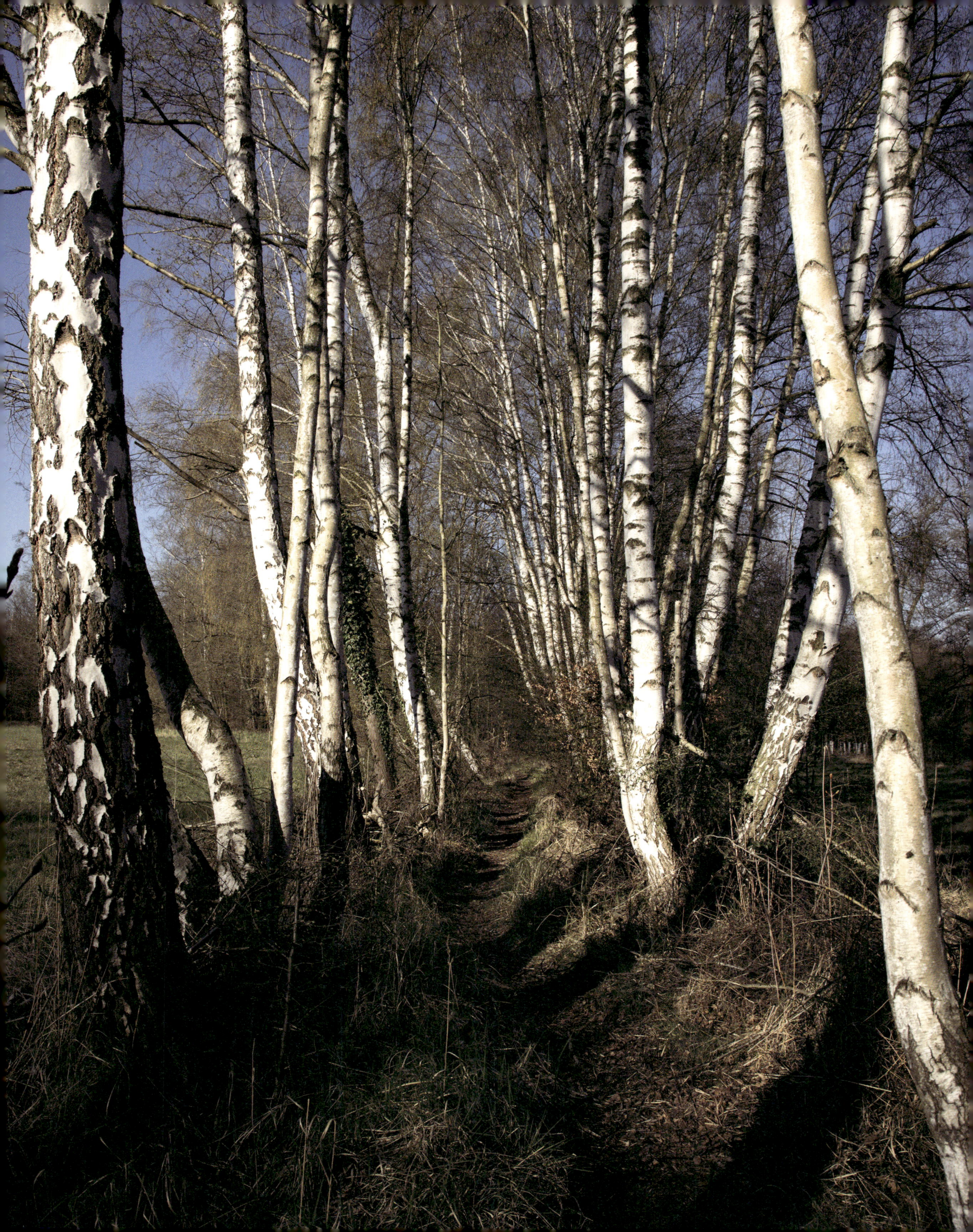

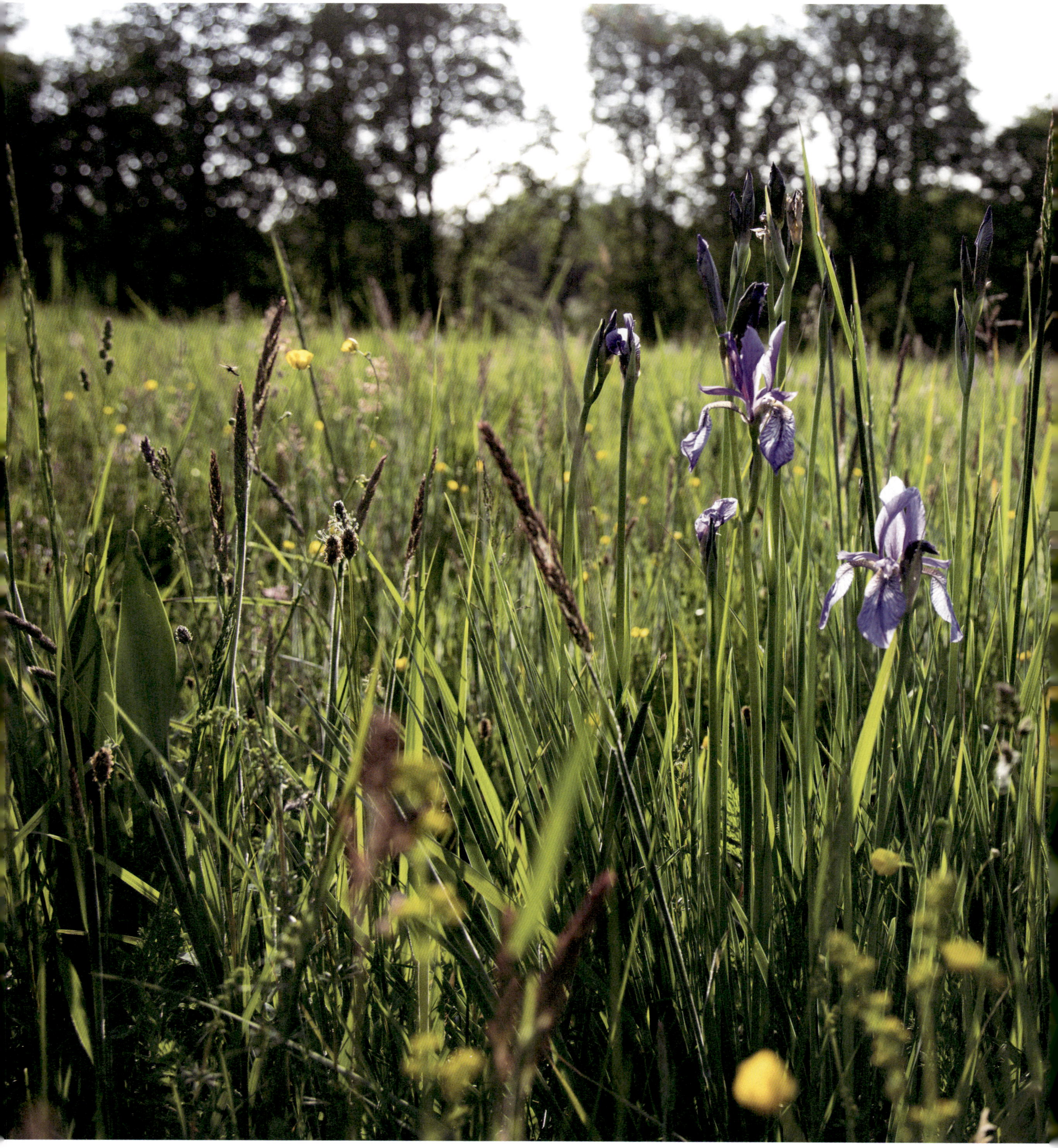

◄ Waldwiese an der Silz im Kranichsteiner Wald. Die vegetationskundlich und floristisch bedeutsamen Waldwiesengesellschaften gehören zu den naturschutzfachlich wichtigsten Wiesenflächen in Hessen. Es besteht Betretungsverbot. Die prächtigen Blüten der auffällig blau-violett gefärbten Sibirischen Schwertlilien lassen sich von der durch alte Kastanien beschatteten Speierhügelschneise aus sehr gut betrachten.

▲▲ Auf den Silzwiesen Dauergast sind unterschiedliche Bläulinge, hier zum Beispiel der Gemeine Bläuling.

▲ Frühlingserwachen: Zartes frisches Buchenlaub hat die Knospenschuppen aufgesprengt und entfaltet sich.

▲▲ Frühlingserwachen! Frische Fichtentriebe.

▲ Auf den geschotterten Waldwegen und an Wegrändern ist der Kleine Schillerfalter in Darmstadts Wäldern häufig anzutreffen. In Deutschland wird der Große Schillerfalter auf der Vorwarnstufe der Roten Liste geführt.

▲▲ Die Sibirische Schwertlilie blüht im Mai und Juni auf den artenreichen Feuchtwiesen an der Silz im Nordosten Darmstadts.

▲ Eine erwachsene Raupe des »Braunen Bären« auf ihrem Weg durch die Bodenvegetation. Dieser schöne Nachtfalter aus der Unterfamilie der Bärenspinner ist der Schmetterling des Jahres 2021.

▶ Weidenkätzchen bieten im Frühjahr Nahrung für eine Vielzahl von Insekten und sind an besonnten Waldrändern unbedingt zu erhalten. Hier nutzt eine Erdhummel die Weidenblüten zu Beginn des Frühlings.

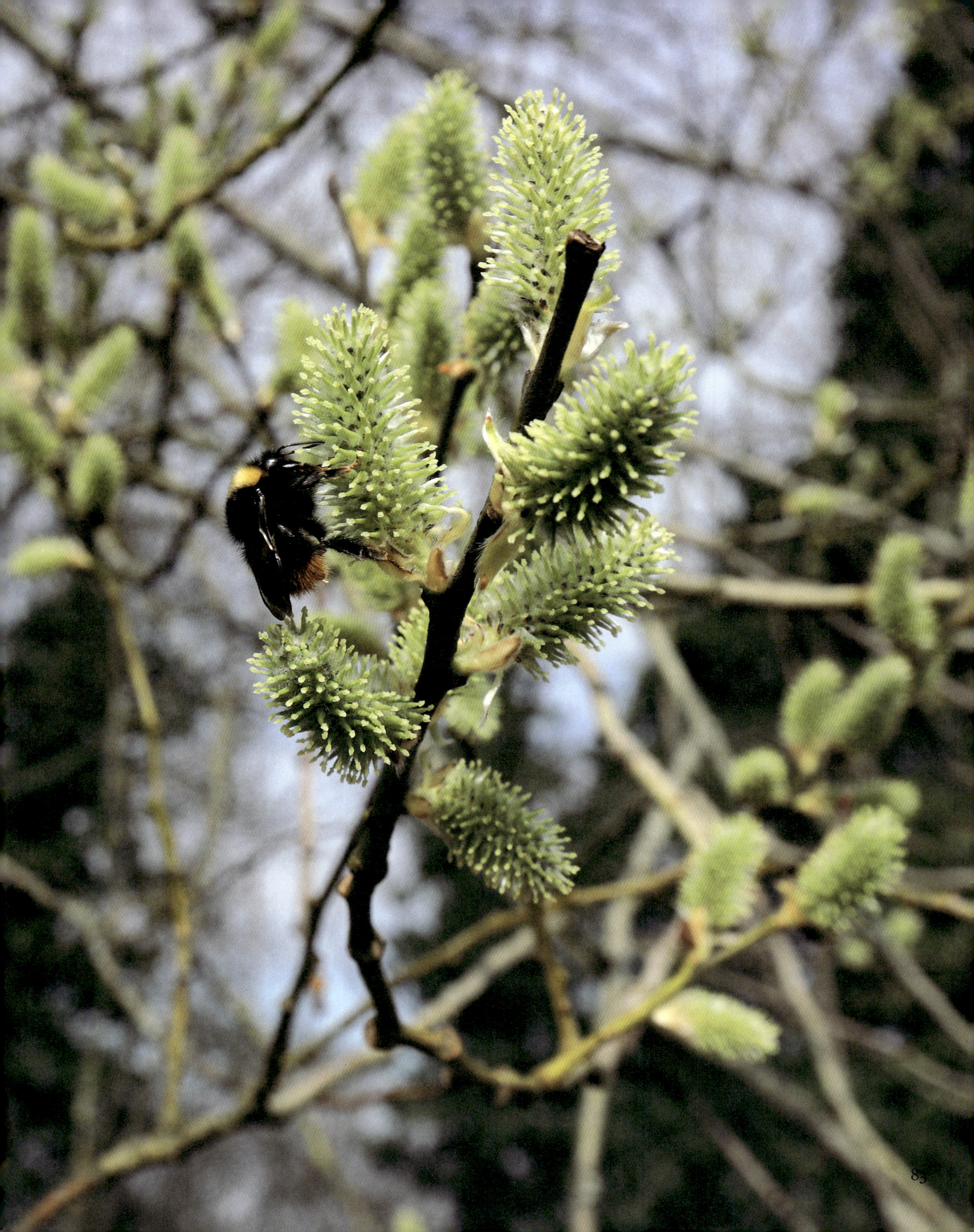

▲ Farbtupfer im Frühling. Die Lärche beginnt zu blühen, bevor ihre Nadeln ausgetrieben sind. Die aufrecht stehenden, prächtigen, purpurroten weiblichen Blüten springen dem Betrachter sofort ins Auge. Die schwefelgelbe männliche Blüte am rechten Bildrand hingegen ist eher unscheinbar. Beide Blüten kommen bei der Lärche an einem Baum vor. Lärchen sind daher einhäusig, getrennt geschlechtig.

▲ Kahlfraß junger Blattaustriebe durch Maikäfer. Ein Hotspot der Maikäferpopulation ist der Waldbereich westlich Darmstadts von Pfungstadt bis Griesheim. Nach einem vierjährigen Entwicklungszyklus im Boden graben sich die fertigen Käfer aus dem Boden aus und schwärmen vornehmlich zu Eichen und anderen Laubbäumen, um dort ihren „Reifungsfraß" auszuführen. Wesentlich schwerwiegender als der Kahlfraß sind die Fraßschäden, die die Engerlinge im Boden an den Baumwurzeln verursachen. Gemeinsam mit anderen abiotischen Faktoren können sie zur erheblichen Schwächung und letztendlich zum Absterben ganzer Waldbestände beitragen.

▲ Rehwild – unsere häufigste heimische Schalenwildart. Im Sommer findet die Ricke einen reich gedeckten Tisch im Buchenwald, um ihren Nachwuchs mit energiereicher Muttermilch zu versorgen. Als »Konzentratselektierer« mit der Vorliebe für energiereiche Pflanzen und als »Drücker- und Schlüpfertyp« mit kurzen Fluchtstrecken sind Rehe optimal an den Lebensraum im Buchenwald angepasst.

▲ Ein Feldhase – oder besser ein Waldhase. Er drückt sich tief in seine Sasse und verharrt ganz ruhig, in der Hoffnung, dass er durch seine gute Tarnung unsichtbar bleibt.

▲ Ein Rotkehlchen genießt die Sonnenstrahlen am Waldrand. Umrahmt von Schneeresten wartet es auf die ersten Insekten, die sich ebenfalls in der Sonne tummeln. Der stimmgewaltige kleine Vogel baut in seinen Gesang gerne Laute anderer Vögel mit ein und wird deshalb auch »Spötter« genannt.

▲ Aufmerksam beobachtet eine Bache das unbekümmerte Treiben ihrer Frischlinge. Das Schwarzwild ist eine Wildart, die es als Kulturfolger vorzüglich versteht neue, Lebensräume zu erobern. Mittlerweile ist es sogar Gast in Darmstadts Hausgärten und Sportanlagen.

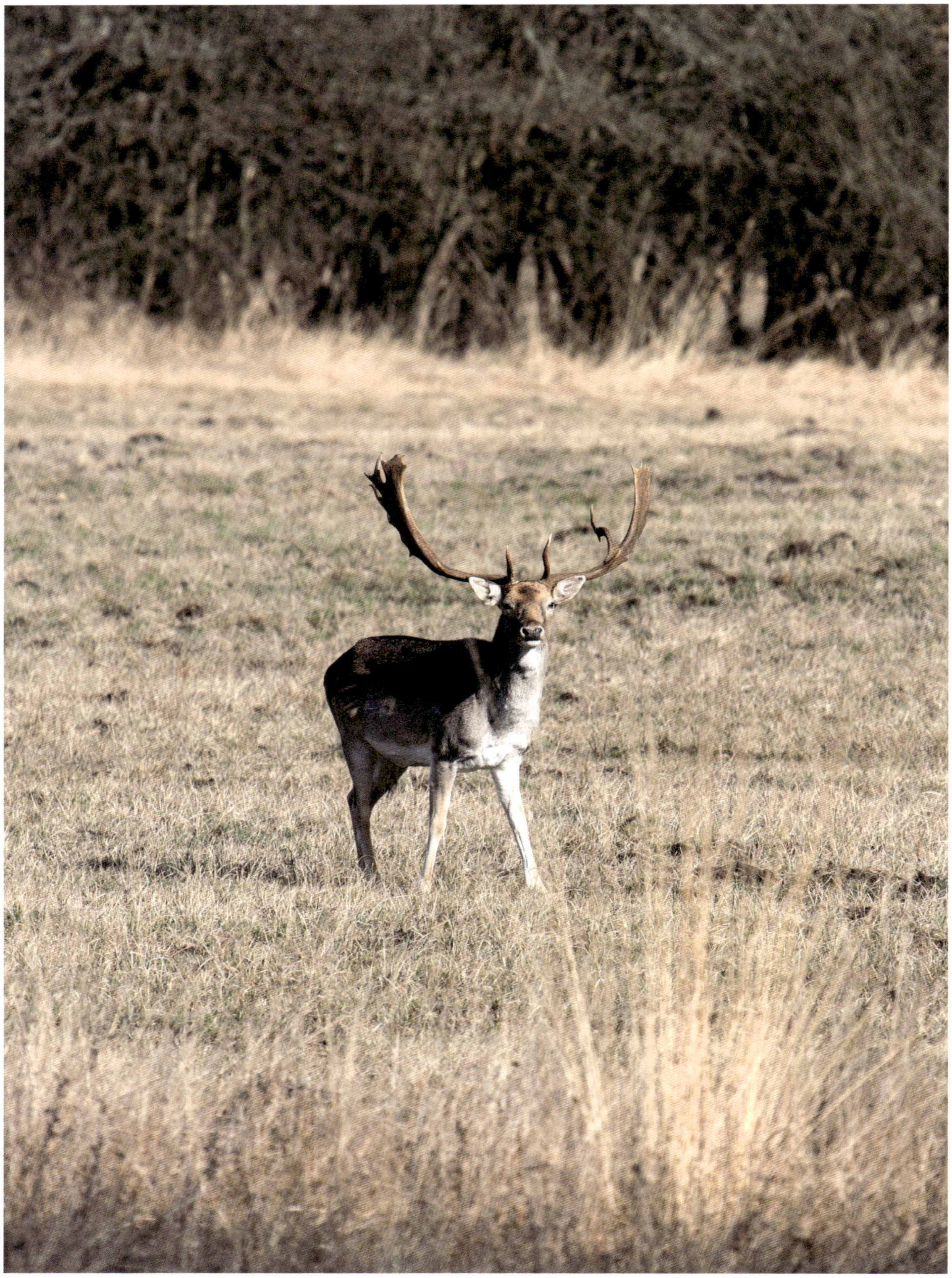

◂ Damwild – Kapitaler Damschaufler. Ursprünglich stammt das Damwild aus Klein- und Vorderasien. Mitteleuropäische Herrscherhäuser schmückten damit ihre Tier- und Wildparks. Im 16. Jahrhundert wurden die ersten Stücke Damwild auch im Kranichsteiner Wildpark ausgesetzt. Jagdlich spielte es zunächst keine Rolle, es war zum Anschauen und Erfreuen gedacht. Jagdliche Freuden kamen erst später hinzu. Die Erlegung eines weißen Damhirsches durch Ludwig VIII. im Jahre 1763 dokumentiert ein Bild des Malers Georg Adam Eger im Jagschloss Kranichstein.

▴ Schwarz und Weiß – friedlich nebeneinander äsend. Als Wildart der offenen Parklandschaften kann man das Damwild heute, in den von großen Wiesenkomplexen durchzogenen Wäldern nördlich von Darmstadt, mit ein wenig Glück in freier Wildbahn beobachten. Besonders gut sichtbar ist dabei das weiße Damwild.

PH Gruner

Rotkäppchens Reich

Ein Essay zur Komplexität des Wald-Begriffes

Hänsel und Gretel verirren sich nicht in Kalkutta, Manhattan oder in den Berliner Bezirken Prenzlauer Berg und Neukölln, sondern im – Wald. Schneewittchen flüchtet sich vor der bösen Stiefmutter in dessen unendlich erscheinende Tiefen. Ja, der Wald spielt in der Hälfte der über 200 Kinder- und Hausmärchen umfassenden Sammlung der Brüder Jacob und Wilhelm Grimm eine dominante Rolle, unverzichtbar als Kulisse für Angst und Unheil, als Projektionsraum für die existenzielle Bedrohung per se, für das Böse. Aber das ist nur die eine Seite der Medaille, die andere Seite steht auch für die Erlösung und die dem scheinbar vorgezeichneten Schicksal sich trotzig entgegenstellende Selbstermächtigung – Gretel ist es schließlich, die die Menschenfresserin aus dem Lebkuchenhaus tötet und ihren Bruder aus dem Käfig eines für die baldige Schlachtung Gemästeten befreit. Kurz: Der Wald erschafft gerade aus seiner Dunkelheit und Düsternis heraus wundervolle Heldengeschichten.

Das kleine Mädchen Rotkäppchen, dem die Großmutter einst ein rotes Mützchen geschenkt hatte, wird von der Mutter fortgeschickt, um der in einem Haus im Wald wohnenden und schwer erkrankten Oma einen Korb mit Leckereien zu bringen. Die Mutter warnt Rotkäppchen eindringlich, es solle nicht vom Weg abweichen. Da weiß man schon – kann ja gar nicht gutgehen. Und so ungut geschieht es auch: Im Wald lässt sich Rotkäppchen auf ein Gespräch mit einem Wolf ein. Dieser intelligente Sprechwolf horcht Rotkäppchen aus und macht es danach auf die schönen Blumen auf einer nahen Wiese aufmerksam, worauf Rotkäppchen beschließt, noch einen Blumenstrauß zu pflücken für die kranke Omi, allen Warnungen der Mutter zum Trotz. Den ganzen Rest, also die Sache mit dem im Schlafkleid der Großmutter ultimativ gut versteckten Wolf und dem hanebüchen sorg- und ahnungslosen Rotkäppchen, mit ihrem Gefressenwerden mit Haut und Haar, allerdings vollkommen verletzungsfrei, mit der Befreiung aus dem Bauch und statt ihrer der Einlagerung von Steinen im Wolfsmagen – also den ganzen wundersamen Rest des berühmten Märchens, den kennen wir. Wichtig für diesen Essay aber ist allein: Auch diese kriminelle, hinterhältige, abgekartet böse Geschichte spielt zwischen Bäumen. Alles geschieht im Wald! Und nicht im sozialen Brennpunkt. Wie konnte es so weit kommen?

▲ Rotkäppchen im Walde, Historische Darstellung von O. Kubel

Zuvorderst bemühen wir uns aber um eine Kontextualisierung. Die ist im Deutschen wiederum eng verknüpft mit Wörtern. Es gibt im deutschen Sprachraum eine Menge Doppelwörter oder Komposita mit dem Substantiv *Wald*. Das reicht von der Waldgaststätte über den Waldfriedhof, die Walderdbeere, die Waldandacht, den Waldhonig und die Waldeinsamkeit (Eichendorff) bis zum Waldschrat oder dem Waldkindergarten. Es gibt sogar das Wellness-Angebot des »Waldbadens«. Das Fernöstliche wird hier mit dem Westlichen verbunden, denn das Waldbaden kommt ursprünglich aus Japan, ist dort seit den 1980er Jahren ein Trend und heißt *Shinrin Yoku*. Sie können jedoch auch glücklich und zufrieden und entspannt den Wald genießen, ohne diese halbesoterische Begrifflichkeit zu benutzen. Umgekehrt nutzt die nachgeplapperte Begrifflichkeit gar nichts beim Baden, falls die nötige Sinnesoffenheit und Wahrnehmungsschärfung für das Gesamtkunstwerk »Wald« fehlt.

In Sachen Kontextualisierung gibt in Deutschland selbstverständlich die Waldphilosophie Auskunft. In ihr wird meist der altrömische Senator und Historiker Publius Cornelius Tacitus

(58 bis 120 nach Christus) aus dem Archiv gezogen, der ehedem – also um das Jahr 100 herum – eine kleine ethnografische Studie verfasste mit dem Titel »Germania«. Es ist eine Studie vom Hören und Sagen. Tacitus war nie nördlich der Alpen, hatte nie direkten Kontakt mit Germanen und das Wort Sozialstudie war noch genauso wenig erfunden wie die analytischen Verfahren dazu. Tacitus beschreibt und benennt verschiedene germanische Stämme vom Rhein bis zur Weichsel. Er beschreibt Sitten und Gebräuche, das streng geregelte Familienleben dieser Stämme, ihren treuen und aufrichtigen Charakter, ihre Tapferkeit im Krieg und ihren Freiheitswillen. Er weist aber auch auf Schwächen hin, wie ihre Trägheit, ihren Hang zu Würfelspiel und übermäßigem Alkoholkonsum. Wie Tacitus zu seinen Einsichten in Sachen Würfelspiel und Alkohol kommt, bleibt im Dunkeln, wahrscheinlich gleich im Dunkel eines dichten germanischen Waldes. Denn Tacitus beschreibt den mitteleuropäisch-germanischen Wald als mythischen Ort, als schauriges Stück Urnatur, in dem Räuber und Barbaren hausen und der so blickdicht und wild sei, dass er im Jahre 9 nach Christus den Germanen helfen konnte, sich die Römer vom Halse zu halten.

Damit biegen wir kurz ab zur Waldschlacht. Noch ein Kompositum. Denn der Wald der frühen Deutschen bereitete offensichtlich den Boden für erste militärische Erfolge. Jedoch, die Schlacht im Teutoburger Wald wurde durch die darob empörte römische Geschichtsschreibung berühmt und keinesfalls durch germanische Prahlerei. Im Jahre 9 hatte ein Heer germanischer Stämme unter Führung des Arminius (»Hermann«) eine in Ausrüstung, Ausbildung und Truppenstärke überlegene römische Streitkraft hinter die Fichte geführt.

▲ Hermannsdenkmal in Detmold im Teutoburger Wald

Wenn man dies so salopp sagen darf, über 2.000 Jahre später. Denn es wurde extrem blutig. Drei römische Legionen samt Hilfstruppen und speziellen Kohorten sowie dem Tross erlitten eine derart katastrophale Niederlage, dass von den rund 18.000 Mann nur eine Handvoll Römer überlebte. In einem rechtsrheinischen, germanischen Wald wurde rund ein Achtel des römischen Gesamtheeres gemordet. Man darf es sich gar nicht genauer vorstellen. Jedenfalls: Die Bemühungen, das römische Reich von Gallien aus bis zur Elbe auszudehnen, sie galten danach als beendet. Rom hatte genug vom Freiheitsgeist in Germaniens Wald.

Zurück zu Tacitus: Waldhistoriker wie Hansjörg Küster, Professor für Pflanzenökologie am Institut für Geobotanik der Leibniz-Universität in Hannover, können Tacitus nicht in allen Belangen folgen. Die Frage, ob der Wald im Jahre 9 nach Christus tatsächlich so wild und naturbelassen war östlich des Rheins, ist für Köster anhand wissenschaftlicher Untersuchungen geklärt: Tacitus übertrieb maßlos. Sein Topos vom wilden und sumpfigen Biotop lässt sich nicht halten. Küster sagt, da sei kein Urwald mehr gewesen. Die Germanen hätten auch Landwirtschaft betrieben, und Landwirtschaft im Wald gehe nicht, dort bekämen Getreidepflanzen kein Licht. Der Wald in Mitteleuropa sei schon lange vor Tacitus von menschlichen Kultureinflüssen geprägt und damit dezimiert gewesen, Kultur zerstöre die Natur, wenn auch mitunter nur vorübergehend, denn Natur sei ewig.

◀ Senator Publius Cornelius Tacitus,
Skulptur vor dem Parlamentsgebäude in Wien

Auch die Germanen haben also Wald gerodet. Rodungen, wie sie heute im Amazonas-Regenwald vorkämen, habe es auch schon vor 7000 Jahren in Europa gegeben, sagt Küster. Holz wurde für den Schiffbau, den Hausbau, das Heizen, für das Schmelzen von Erzen und Glas benötigt. Im späten Mittelalter und der frühen Neuzeit wurde es schlimmer und schlimmer. Im 17. und 18. Jahrhundert – demnach knapp vor der Arbeit der Brüder Grimm an den Kinder- und Volksmärchen – sei der mitteleuropäische Wald durch puren Raubbau bis zu einem kümmerlichen Rest dezimiert worden. Ein Problem wie heute in Bolsonaros Brasilien habe sich abgezeichnet. Verödung und Verwüstung drohten allenthalben. Es musste etwas dagegen getan werden. Und der Helfer für den deutschen Wald, die Problemlösung, kam aus – Sachsen. Damals noch keines der neuen Bundesländer, sondern ein Kurfürstentum mit dem sinnes- und ausgabefreudigen Kurfürsten August dem Starken an der Spitze. In dessen Kurfürstentum nun wurde ein ganz neuer Umgang mit der Ressource Wald gefordert. Das Prinzip dazu hat 1713 Johann »Hannß« Carl von Carlowitz (1645-1714) in Freiberg formuliert. Der zugleich königlich-polnische und kurfürstlich-sächsische Kammerrat und Bergrat sowie Oberberghauptmann des Erzgebirges schrieb mit der *Sylvicultura oeconomica, oder haußwirthliche Nachricht und Naturmäßige Anweisung zur wilden Baum-Zucht* (1713) das erste wissenschaftliche Werk über die Forstwirtschaft und gilt als wesentlicher Schöpfer des Begriffes der Nachhaltigkeit. Professor Küster ist darob sehr stolz: Naturschutz, wie wir ihn heute kennen, basiere auf deutschen Forstgesetzen.

Der Wald erholte sich mit der Anwendung nachhaltiger Grundsätze ganz langsam und die Deutschen, Erben der germanischen Baumverehrer, ersannen und erdichteten den deutschen Wald als Seelenlandschaft. Mit der zart beginnenden Industrialisierung und dem rascheren Wachstum der Städte machten Dichter und Maler den Wald – respektive das, was sie sich als einen solchen ausmalten – zu einer ersehnten heileren Welt. Sie träumten. Die Romantik wurde zu einer Bewegung, sie hatte in allen Künsten regelrecht Hochkonjunktur. Wie so oft, war es ein Trend aus einer städtischen Intellektuellenkultur heraus. Maler wie Fritz Ebel (geboren 1835 in Lauterbach in Hessen), Hermann Eschke, Eduard Leonhardi oder Friedrich Preller der Jüngere wurden mit Bildern aus dem Wald bekannt und vielfach geehrt, nicht zuletzt Caspar David Friedrich inszenierte den deutschen Wald als ehrfurchtsgebietende Tannen- und Eichen-Kathedrale. Die Volkslied-Dichter standen dem nicht nach. Und die Dichter ebenfalls nicht. Der oberschlesische Lyriker Joseph von Eichendorff dichtete 1810, wie stets voller Sehnsucht, vom Walde wie folgt:

> O Täler, o Höhen,
> O schöner, grüner Wald,
> Du meiner Lust und Wehen
> Andächtiger Aufenthalt!
> Da draußen, stets betrogen,
> Saust die geschäfte Welt,
> schlag noch einmal die Bogen
> Um mich, du grünes Zelt!

▲ Der »Erfinder« der Nachhaltigkeit: Hannß Carl von Carlowitz, Gedenktafel in Freiberg

Heutige Zeitgenossen erinnern aus den Wohnungen mancher Groß- und Urgroßeltern noch den berühmten röhrenden Hirsch. Als Motiv der Jagd- und Wildmalerei gehört er zum postbiedermeierlichen und spätromantischen Fundus der schaurig-schönen Wald- und Naturverklärung. Es röhrten die Hirsche derart durch die Wohn- und Schlafzimmer der saturierten deutschen Bürgerlichkeit, das im 19. Jahrhundert neben dem kapitalen Hirsch in Öl auch der Hirsch in Holz- und Kupferstichen höchst populär wurde. Maler Moritz Müller postierte den brünftigen Hirsch auf einer Lichtung und vor gewaltigem Fels (1896), Maler Carl Nonn ließ den ewig Suchenden an einem Bach röhren (1894), Maler Christian Kröner, selbst Jäger, hielt den Hirschkampf fest (1870). Die akademische Malerzunft zeigte das Tier fast immer in Seitenansicht und mit beeindruckender Hauchfahne vor dem Maul. Und der Übergang des Motivs ins Dreidimensionale war vorgezeichnet. Dazu brauchte es Richard Nicolaus Rusche, den Stier-Plastiker im deutschen Kaiserreich schlechthin; 1899 zeigte er im Glaspalast am Lehrter Bahnhof, dem Ausstellungsgebäude der Großen Berliner Kunstausstellung, seine Skulptur *Schreiender Hirsch*. Das Tier, ein Drittel größer als in Realität, war drapiert in einer kleinen Waldlichtungsszenerie, stand erhöht auf Waldboden und – allerliebst – zwischen Jungtännchen und Jungbirken. Berliner Fotografen hielten serienweise deutsche Männer, die etwas auf sich und ihre Manneskraft hielten, vor dem Brunftschreier fest. Das Ausstellungsstück entwickelte sich zur Fotokulisse. Über die Jahrzehnte wurden die beliebten Tier-Plastiken von Rusche in Massen, zum Beispiel in der Württembergischen Metallwarenfabrik (WMF), in verschiedenen Größen und Materialien (Bronze, Galvano, Zink) produziert.

Vom zunehmend preiswerter und qualitativer werdenden Fotodruck für die Wand mit der Streifentapete schaffte es der Hirsch letztlich auch noch auf Gläser, Becher, Tassen, Krawatten und Manschettenknöpfe. Ja, der König der deutschen Wälder hatte mächtig lange ein großartiges Prestige. Und wer meint, es sei damit längst vorbei, sollte besser ganz vorsichtig sein und bei Online-Plattformen das Stichwort »Röhrender Hirsch« eingeben. Und siehe da: Er röhrt weiter, mit Hauchfahne und ohne, in Acryl, in Öl, als Zeichnung oder Foto. Er steht am Waldrand, dreht den Kopf und macht einen potenten Eindruck. Bei Amazon liest sich ein Angebot so: »Röhrender Hirsch im Wald bei Sonnenuntergang, schwarz-weiß, Format 120x80 auf Leinwand, XXL, fertig gerahmt mit Keilrahmen. Beste Qualität aus Deutschland! Preis: 39.95 plus 6.90 € Versandkosten.« Na, das ist nicht zu teuer. Kann sich jeder leisten, so einen Hirsch.

Kultur ist mehr als die Summe hergestellter und verkaufter Kunstwerke, der Wald ist mehr als die Summe seiner Bäume. Aber im Wald geht es um Summen. Um Verwertungs- und Festmetersummen. Nach Angaben der Schutzgemeinschaft Deutscher Wald sind zwar knapp 11,4 Millionen Hektar und damit rund ein Drittel der Gesamtfläche Deutschlands mit Wald bedeckt. Aber diese Wälder sind in großflächigen Teilen Holzplantagen. Von Identität und Heimatgefühl mag niemand mehr euphorisch singen, der in diesen kargen Kulturen unterwegs ist. Waldbaden ist hier illusorisch. Vom stillen Rückzugs- und Erholungsort kann in von Harvester-Maschinen, sprich: in von Holzvollerntern, Waldvollerntern und Kranvollerntern durchfurchten und durchlärmten und bodenverdichteten und wurzelgeschädigten und unterholzfreien Wirtschaftsflächen keine Rede sein. Der romantische Wald offenbart sich im realen Wald flugs als verblüffend krachtvoll wirkende, kulturkonsistente Suggestion. Im deutschen Ökonomie-Wald des 21. Jahrhunderts könnten sich Hänsel und Gretel nicht mehr verirren. Trotz aller Bemühung. Unmöglich. Viele breite Wegeschneisen schneiden die Wälder, alle Wege und Pfade sind beschriftet, Schilder mit Ziel- und Entfernungsdaten informieren rundum, viele Hauptwege sind Fahrwege und mit Schotter ganzjährig lastwagentauglich gemacht, Gedenksteine und Gedenkbäume säumen den Weg. Das Lebkuchenhaus der Hexe wäre heute eine touristisch belagerte Groß-Attraktion. Um das Haus herum wäre seit 1972 ein Trimm-Dich-Pfad, seit 1985 ein Waldwellness- und Waldsportzentrum und seit 1995 ein didaktisch wertvoller Walderlebnis- und Lehrpfad errichtet worden, seit 2008 digitalisiert unter *world-wide-wald/ path map/gingerbreadhouse*. Die Hexe selbst wäre vom breiten Volks- und Medieninteresse frühzeitig zerrüttet worden und einem Herzinfarkt erlegen. Die ständig weggeknabberten Oblaten- und Elisen-Lebkuchen am Hexenhäuschen würden wöchentlich von der Firma Lebkuchen Schmidt (Nürnberg) komplett ersetzt und originalgetreu installiert. In den heißen Sommern der Klimawandelzeit würde das Hexenhäuschen klimaneutral gekühlt werden, um die Schokoladen-Lebkuchen daran zu hindern, vor ihrem Verzehr abzuschmelzen.

▲ »Trimmy«, das Maskottchen der Trimm-Dich-Bewegung seit den 1970er Jahren

Zurück zum Urwald. Seit es in Deutschland immer mehr Nationalparks und Naturwälder gibt, nutzen einige davon in ihren Werbebemühungen den Begriff Urwald. Das klingt faszinie-

▶ Das Motiv vom röhrenden Hirsch, ein Jahrhundert-Bestseller

▲ Sonderbriefmarke der Deutschen Bundespost 1985 »Rettet den Wald«

rend. Doch davon darf die Rede nie sein. Nicht in Deutschland. Naturbelassene Wälder stellen in Deutschland laut Experten weniger als ein Prozent der Waldfläche und damit nur 0,3 Prozent der Gesamtfläche in Deutschland. Neben dem Urwald gibt es noch den Begriff *Primärwald*. Als Primärwälder bezeichnen Wissenschaftler Wälder, die seit mehreren hundert Jahren ohne menschlichen Eingriff sich selbst überlassen waren. Selbst das Wäldchen auf der deutschen Ostseeinsel Vilm – sie ist keinen Quadratkilometer groß und gelegen vor der Südküste Rügens – birgt laut Forstwissenschaft weder einen Ur- noch einen Primärwald. Zwar wurde dort seit mehr als 450 Jahren kein Baum mehr gefällt, die Fläche jedoch wurde beweidet, der Mensch entfernte Alt- und Totholz aus dem Gelände. Die meisten anderen sogenannten Urwälder und Reservate im heutigen Deutschland sind in der Regel weniger als 90, manche sogar weniger als 40 Jahre unberührt. Urwälder sind also etwas ganz anderes.

Dann eben zum Kulturwald von heute. Über 50 Baumarten befinden sich, so die dritte Bundeswaldinventur von 2012, in deutschen Wäldern, aber *eigentlich* – so dieses stets alles Gesagte entscheidend relativierende, insoweit berühmteste Wort der deutschen Sprache – aber *eigentlich* sind es dominant nur vier Arten: 25 Prozent Kiefer, 23 Prozent Fichte, 16 Prozent Buche, 11 Prozent Eiche. Und der Wald gehört tatsächlich auch nicht uns allen. Der größte Flächenfaktor, 48 Prozent des Waldes, liegt in Privatbesitz. 29 Prozent sind im Eigentum der Bundesländer, 19 Prozent gehören einzelnen Körperschaften (Stiftungen, Kirchen, Städten und Gemeinden), nur krümelgleich wirkende vier Prozent (!) gehören dem Bund.

Die Themen Sterben und Tod sind nicht nur in Grimms Märchen mit dem deutschen Wald verbunden. 1980 traf dies, einmal wieder, auch den Wald selbst. Der Begriff *Waldsterben* – damals ein Neologismus unter den Wald-Komposita – ließ die Nation erschauern. Das SPIEGEL-Titelbild dazu zeigte den Blick in einen nadellosen Stangenwald. Die ersten der 1980er Jahre waren umweltpolitisch dominiert von dem Phänomen des flächendeckenden Sterbens von Wäldern, gerade auch sichtbar in den Gipfellagen der deutschen Mittelgebirge. In Deutschland, Österreich und der Schweiz schrillten alle umweltpolitischen Alarmglocken. Gerade, weil die Symptomatik auch fern von Emissionsquellen auftrat, schürte sie die Angst vor einer so ubiquitären wie unsichtbaren Gefahr. Das Waldsterben folgte einer wissenschaftlichen Ursache, deren Bezeichnung gleich zum nächsten Schlagwort der erregten Debatte wurde: dem *sauren Regen*. Hauptursache für diesen wiederum war die Luftverschmutzung, insbesondere durch säurebildende Abgase. Und diese wiederum wurden durch schwefelhaltige Emissionen nicht zuletzt aus Kohle-Kraftwerken verursacht. Mit der großflächigen Kalkung bestehender Wälder und der Installation vieler neuer Anlagen zur Rauchgasentschwefelung bei den Kraftwerken, zum Teil in erfolgreicher europaweiter Kooperation, konnte das Problem eingedämmt werden. Wenig Einfluss auf die Besserung im Forst hatte dagegen die Herausgabe einer 80 Pfennig-Sonderbriefmarke der Deutschen Bundespost zur bundesweiten Kampagne »Rettet den Wald« im Jahr 1985. Dass allerdings das Waldsterben auf eine Briefmarke kam, das kann als sehr deutsch bewertet werden.

Bleiben wir beim Tode. Der Wald, besser: die Vorstellung von ihm, ist für die Deutschen von kulturell beständig hohem Wert. Und dies eben auch *nach* dem Leben. Daher waren Waldfriedhöfe in Deutschland immer sehr populär. Mit dem seit zwei Jahrzehnten anhaltenden Trend zur Abkehr von der Erdbestattung (heute nurmehr 30 Prozent aller Bestattungen) und hin zur Feuerbestattung rücken die Toten dem Wald jedoch nochmals näher. Die Schweiz gab hierfür die Initialzündung. 1999 wurde dort ein sogenannter Bestattungswald zum ersten Mal offiziell genehmigt. Und die Ära der in Baumwurzelnähe verstreuten Totenaschen nahm sogleich Fahrt auf. Richtung Nordosten, Richtung Deutschland. Heute gibt es eine Unmenge Angebote diesbezüglich, bezeichnet als Urnen-, Begräbnis-, Ruhe- oder Friedwald. Der Bestattungsdienstleister Kahrhof in Darmstadt differenziert die neuzeitlich-naturnahen Angebote wie folgt: Es gibt 1. die Naturbestattung, 2. die Baumbestattung, 3. die Wiesenbestattung. Nummer 2 liegt klar vorn. Der Gedanke einer Bestattung im Wald scheint für die allermeisten offensichtlich sehr angenehm. Hier kommt die diffuse Ideenwelt zum Bedürfnis eines verwandelten Weiterlebens ins Spiel und selbstverständlich auch die ach so beliebte Unsterblichkeit. Der Wald liefert hierzu ein offenbar geeignetes Bild – ein ständiges Ineinandergreifen von Wachsen und Werden, Vergehen, Sterben, Verwandeln und Wiedererstehen.

Die Organisation einer Ruhe-Zone in einem Bestattungswald ist andererseits nötiger denn je. Denn der Wald per se wird immer belebter. Er wird im Grunde bereits extensiv genutzt – neben aller Waldarbeit und Waldwirtschaft. Er ist das Terrain für Spaziergang und Wanderklubs, für Tai-Chi-Gruppen, den Gang mit dem Hund, für Picknick-Gelage, für Pilze- und Beeren- und Esskastaniensammler, er ist für Yogger und Radfahrer und Mountain-Biker und E-Biker das Tummelzentrum, Betreuer und Kinder der Waldkindergärten nicht zu vergessen. Ein Nutzerschlachtfeld. An manchen Sonn- und Feiertagen wären ob der Bevölkerung des Waldes mit Freizeittätigen eigene

▲ Aus der »Großstadt im Walde« kommt dieser schwarzweiße Gruß aus dem Jahre 1957.
Postkarte aus der Kollektion der Kunstanstalt Wilhelm Gerling sen., Darmstadt

Fahr- und Vorrang- oder Überholspuren auf den Waldwegen wünschenswert, ja Verhaltens- und Verkehrsregeln überhaupt.

Und dann auch noch die Künstler. Sie, und mit ihnen die Kunst, verfolgen einen ja überall hin. Kunstwerke stehen auf den Plätzen der Stadt, in den Parks, in den Galerien und Kunsthallen und Kunsttempeln sowieso. Kunst lauert einem auf beim Friseur, in Banken und Regierungspräsidien, in städtischen Ämtern und Foyers von Justizgebäuden, als Kunst am Bau vor Finanzämtern und Polizeipräsidien. Man konnte über Jahrzehnte vor künstlerischen Artefakten nur an einen Ort zuverlässig fliehen – in den Wald. Seit 2002 ist es damit, zumindest in Darmstadt, Essig. Der *Internationale Waldkunstpfad* hat den Wald zur Kunstschaukulisse gemacht. Die einzelnen, im zweijährlichen Rhythmus stattfindenden Ausstellungen tragen Titel wie »Recherche«, »Expeditionen«, »Kreisläufe und Systeme«, »Realität und Romantik« oder »Kunst-Biotope«. Rechnen Sie also auf dem Waldkunstpfad rund um die Darmstädter Ludwigshöhe die Hundertschaften der Ausstellungsbesucher (Familien, Workshop-Teilnehmer, Schulklassen) noch zur obigen Aufzählung der Waldnutzer dazu. Zusammengefasst: Nie hatte der stadtnahe Wald mit mehr Verkehr und mehr Nutzern zu kämpfen. Der Wald ist voll. Wenn der Düsseldorfer Philosoph Christoph Quarch dann in seinen Interviews (zum Beispiel im *Deutschlandfunk* am 25. August 2019) so schön säuselt – »Im Wald kommen mir die besten Ideen. Es ist ein Umfeld, das mir immer wieder gute Einfälle schenkt« –, dann spricht er Märchensätze. Wie aus einer Erinnerung an Rotkäppchens Reich.

Wald und Marketing: Ab den 1930er Jahren warb Darmstadt mit dem Slogan »Darmstadt – die Großstadt im Walde«. Dass der Werbespruch nicht vollkommen unproblematisch, also einzigartig war, zeigt der Blick auf Konkurrenten. In den 1930ern nämlich warb auch Württemberg mit dem Spruch »Stuttgart – die Stadt zwischen Wald und Reben«. Nun denn, tatsächlich ist auf der Gemarkung Darmstadt die Waldfläche bis heute im Vergleich zur Siedlungsfläche großzügig bemessen. Die Stadt war und ist eine außerordentlich vorteilhaft durchgrünte, das »Tor zum Odenwald«, wie sie sich auch nannte. Die Hälfte der Stadtfläche ist – Wald. Postkarten mit dem fröhlichen »Gruß aus der Großstadt im Walde« gibt es allerdings schon lange keine mehr. Aber einen Werbefilm mit viel Wald, 1938 gedreht von der Epoche-Film AG in Berlin, kann man heute noch anschauen. Der Film- und Videoclub Darmstadt e.V. hat den Streifen im Bundesfilmarchiv Berlin wiederentdeckt, digitalisiert und veröffentlicht unter dem Titel »Bilder einer Stadt: Darmstadt 1939«. Tatsächlich sieht man viel Grün auf dem Schwarzweiß-Film, in der Stadt und um die Stadt herum, singende Mädels und Jungen auf den Höhen des vorderen Odenwaldes, fröhliche Ausflügler auf der Frankenstein-Ruine, hessisch babbelnde Gutbürgerliche auf Balkonen und Terrassen der Gartenstadt des Paulusviertels; dann gibt es noch ein wenig Luisenplatz, ein wenig Landesmuseum von innen, viele Sequenzen aus Industrie und Wirtschaft – aber nur einen knappen Fünfsekunden-Schwenk vom Stadtkirchturm über die Altstadt und die »Insel« (ein ovales Plätzchen in der Altstadt) mit dem Niebergall-Brunnen. Offensichtlich war für die Berliner Filmemacher der Zustand der Altstadt mit ihrem von oben herab doch so verwunschen italienisch anmutenden Dächermeer keine Sekunde mehr Film wert – weil nicht luftig, kultig und modern, daher nicht vorzeigefähig, nicht werbetüchtig. Besser verschweigen. Es wäre eine der letzten guten Chancen gewesen, noch in Friedenszeiten ein paar Schwenks durch diese lange vernachlässigte Altstadt aufzunehmen. Im September 1944, in der sogenannten »Brandnacht«, der heftigsten Bombardierung Darmstadts im Zweiten Weltkrieg, wurde die Altstadt zu 100 Prozent vom Erdboden getilgt. Nur das Haus der »Goldenen Krone«, ein Stück Stadtmauer und der Niebergall-Brunnen blieben übrig.

Apropos Verschwinden. »Weltweit verschwinden pro Minute dreißig Fußballfelder Regenwald«, meldet der Bayerische Rundfunk am *Internationalen Tag des Baumes*, am 26. April 2019. Seit dem ist es nicht besser geworden. Besonders besorgniserregend sei der Verlust des ursprünglichen Regenwalds der ältesten Generation. Insgesamt seien in den vergangenen Jahren jeweils rund 3,7 Millionen Hektar mit jahrhunderte- bis jahrtausendealten Bäumen vernichtet worden. Das alles sind zutiefst verstörende Informationen. Aber aufgrund des Abstraktionsniveaus bleiben damit die Informationsempfänger allzu oft überfordert oder achselzuckend zurück.

Und dem Wald in Südhessen, wie geht es dem? »Der Wald hat zu kämpfen. Zu wenig Wasser von oben und unten«, schreibt das *Darmstädter Echo* am 12. Januar 2021. Nach 2020, dem zweitwärmsten Jahr seit Beginn der flächendeckenden Wetteraufzeichnung in Deutschland im Jahre 1881, kommt dies nicht überraschend. Man musste was tun. Also tagt zugunsten des Darmstädter Stadtwaldes seit Herbst 2019 der »Runde Tisch Wald«. 36 Prozent der Waldfläche in der Stadt sind in städtischem Besitz, der Rest gehört dem Land. Der Baumbestand wird im Westwald mit der dort dominanten Kiefer (55 Prozent) als überwiegend naturfern beschrieben, der Ostwald (38 Prozent Buche, 34 Prozent Eiche) als weitgehend naturnah. Gleichzeitig sei ein Großteil des Waldes äußerst jung, es fehlten vor allem die über 140 Jahre alten Bäume. Wer die wohl geerntet und verkauft hat? Der Westwald gelte als »dramatisch

▲ »Das Schweigen im Walde« nach Ludwig Ganghofer, Titelblatt der *Illustrierten Film-Bühne* von 1937

ausgedünnt«, zitiert das *Echo* den Bericht des Runden Tisches. Und an anderer Stelle spricht das *Echo* von diesem armen Bruch- und Stangenwald als dem »Zombieforst«.

Man muss also schon wieder was tun. Weil um den runden Tisch sitzen nicht ausreicht. Was gibt es Neues? Ein Leitbild. Zur Umsetzung des neuen Leitbildes – ein Wald mit größerer biologischer Vielfalt und größerer Widerstandsfähigkeit gegenüber Klimaveränderungen – wird empfohlen, eine Umstellung vorzunehmen von der herkömmlichen Waldbewirtschaftung hin zu einem »ganzheitlichen Waldökosystem-Management«. Die Rehwild-Dichte soll reduziert werden und damit auch die erheblichen Verbissschäden. Das Wegenetz im Wald soll ausgedünnt werden. Anzustreben sei, so das *Echo* weiter, die Anlage von naturnahen, geschlossenen Waldrändern. Ratsam sei, auf den bereits bisher ausgesetzten Holzeinschlag weiter zu verzichten. Damit könne auch der Einsatz schwerer, waldbodenverdichtender Maschinen ausbleiben. Wie man zu mehr Wasser von oben oder unten kommt, wurde im Leitbild noch nicht klar beschrieben. Nichts gab es auch dazu, warum im Wald allenthalben so viele Polter – das Fachwort für gefällte Stämme, oft mannshoch übereinander gestapelt und nicht selten am Wegesrand vermoosend und verfaulend – ungenutzt und unverwertet herumliegen. Aber immerhin, das wichtigste Wort im politischen Kümmer- und Sorgewesen ist gefallen: das Wort »Management«.

Das sollte aufhorchen lassen. Brauchen wir ein Waldmanagement? Einen Manager für den Wald? Nur, wenn es ein von Dauereingriffen gezeichneter Kulturwald, ein marktwirtschaftlicher Verwertungswald bleiben soll. Marktwirtschaft gehört ja auch zur Kultur. Jedenfalls: Ein Naturwald im Wortsinne wäre sein eigener Manager. Insoweit ist ein professionelles Ökowaldmanagement in etwa so durchdacht und wertvoll wie – Holz in den Wald tragen. Lasst den Wald einfach mal weitgehend in Ruhe! Das wär dann schon mal das Wesentliche.

Holz in den Wald tragen – das Sprichwort bringt mich zu einem würdigen Finale dieses Wald-Essays. Ein solches Essay-Ende in der Buch-Mitte sollte ja niemals zu traurig, zu defätistisch, zu hoffnungslos stimmen. Sondern die Menschen in der Großstadt im Walde beheitern, beglücken und befrohen. Oder erheitern, erglücken und erfrohen? Ach was, erfreuen natürlich. Jedenfalls, mit Sprachspielen und Redewendungen geht die Entkümmerung recht gut. Man sollte aber auf keinen Fall von Entsorgung sprechen. So trage ich mal sieben Waldsprichwörter oder Redewendungen zusammen.

Den Wald vor lauter Bäumen nicht sehen. Ein wunderbarer Spruch. Wer nur noch Bäume und keinen Wald mehr sieht, hat sich im Detail verloren und dabei komplett die Übersicht eingebüßt. Der deutsche Dichter Christoph Martin Wieland (1733-1813) erfand die Redewendung, benutzte sie oft und machte sie dadurch populär. Gut gemacht, möchte ich ihm zurufen! Er war als Aufklärer aber auch insgesamt brillant. Wieland war der Älteste des klassischen Viergestirns von Weimar, zu dem neben ihm Johann Gottfried Herder, Johann Wolfgang Goethe und Friedrich Schiller gezählt werden.

Pfeifen im Walde. Wer in schwieriger Lage eine muntere Melodie pfeift, versucht sich Mut zu machen und die Lage zu meistern. Hilft nicht, wenn man schwimmend den Atlantik überqueren möchte.

Ich glaub`, ich steh im Wald. Weiß der Teufel, wer das kreiert hat. Ähnlich unerklärlich wie der Lieblingsspruch des einstigen SPD-Finanzministers Hans Apel im zweiten Kabinett des Bundeskanzlers Helmut Schmidt (1976-1980). Beim Fund neuer Deckungslücken in der Planung des Bundesetats soll er mehrfach *Ich glaub`, mich tritt ein Pferd!* ausgerufen haben. Aber auch sonst öfter. Der Mann war halt ein lustiger Hamburger.

Wie man in den Wald hinein ruft, so schallt es heraus. Können Wälder als Echo dienen? Manche offenbar. Der Spruch ist synonym zur schlichten, für viele jedoch schwer verdaulichen Einsicht: Wie man andere Menschen behandelt, wird man auch selbst behandelt.

Sich wie die Axt im Walde benehmen. Auch ein sehr schöner Satz. Der Unhöflichkeit, der Rücksichtslosigkeit und der Bedenkenlosigkeit eins vor den Latz knallend. Oder unsägliche Unbeholfenheit geißelnd. Insofern nicht weit weg von dem Bilde des Elefanten im Porzellanladen.

Es herrscht Schweigen im Walde. Wenn trotz Aufforderung niemand etwas sagt, sei es aus Angst, Unsicherheit, Desinteresse oder Unkenntnis, dann wirkt das so ungewöhnlich wie vollkommene Stille im Wald. Allerdings gibt es für den Spruch einen bekannten Urheber. »Das Schweigen im Walde« ist ein Roman des deutschen Schriftstellers Ludwig Ganghofer, 1899 veröffentlicht. Die Geschichte um Liebe und Eifersucht spielt in den Tiroler Bergen. Sie wurde gleich mehrfach verfilmt (1937, 1955 und 1976), was nicht verwundert: Liebe und Berge, das geht seit Luis Trenker und Leni Riefenstahl immer hoch dramatisch und schicksalhaft zusammen.

Gut Holz! Euphorisch gestimmter Ausruf zur Begrüßung zwischen gleichgesinnten Wanderern seit Beginn des 21. Jahrhunderts in Mitteleuropa, angestimmt zur gemeinsamen Würdigung eines naturnahen, gesunden, rustikalen, vielfältig arten- und altersdurchmischten, Wuchsetagen bildenden, flora-, fauna- und insektenreichen, kulturell nicht übernutzten und würdevoll ungefährdet als komplexes Ökosystem existierenden Waldes.

Tja, reingelegt. Schön wär's, stimmt aber nicht. *Gut Holz!* ist keine Sentenz aus der rhetorisch-metaphorischen Sphäre des Waldes. *Gut Holz!* ist die dem Aussterben anheimfallende Begrüßungsformel unter Keglern, eine Interjektion wie *Servus!* oder der Anglergruß *Petri Heil!*

Ich wäre aber dafür, dass wir mit einem freudigen *Gut Holz!* irgendwann tatsächlich den Aufenthalt in einem naturnahen Wald – wie oben beschrieben – feiern könnten. Als Gruß und als Zustandsbeschreibung. Denn es steht Folgendes immerhin fest: Auf lange Sicht kann die Menschheit leichter aufs Kegeln verzichten als auf Wald.

▲ »Gut Holz!« Lithografie mit Hase, Stier, Schwein und Hund, um 1900

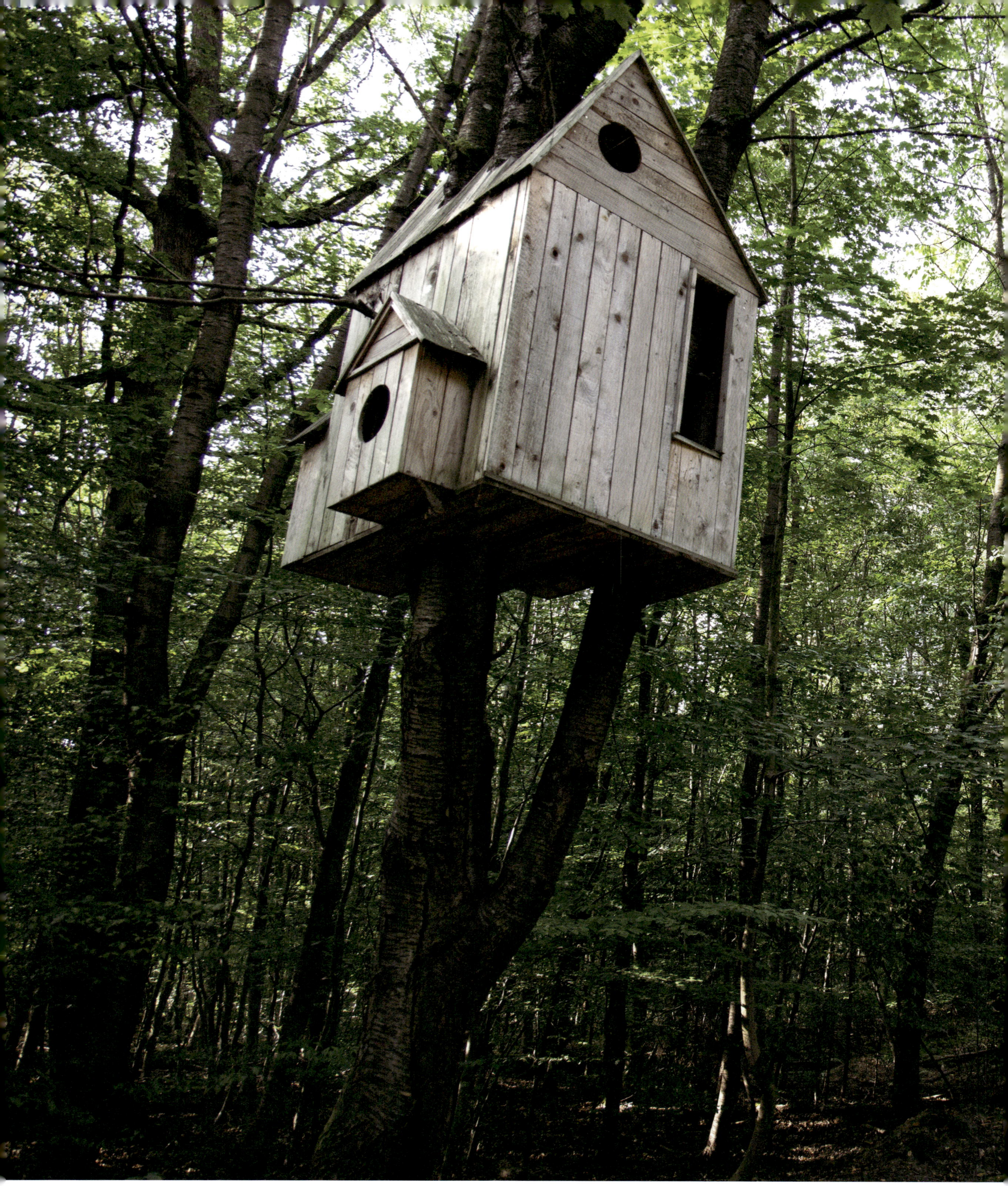

◀ Mittlerweile hat der Verein für Internationale Waldkunst den 10. Waldkunstpfad rund um Herrgottsberg und Ludwigshöhe veranstaltet. Der Wald dient dabei als Atelier und als Ausstellungshalle. Die Auseinandersetzung mit Künstlern, Kunstwerken und waldkunstgenießenden Erholungssuchenden eröffnet so manchem eine andere Sichtweise in den Wald.

Laura Lio (Argentinien/Spanien), »houses/nests (Alfabeto/abeto)«, 8. Waldkunspfad 2016

▲ Tim Norris (Großbritannien), »Habitat« (BankART), 7. Waldkunstpfad 2014

▶ Wiktor Szostalo (Polen/USA), »Treehuggers« Geflügelte Waldgeister, Figuren aus Zweigen, Ästen und Stoffen beschützen den Wald, 6. Waldkunstpfad 2012

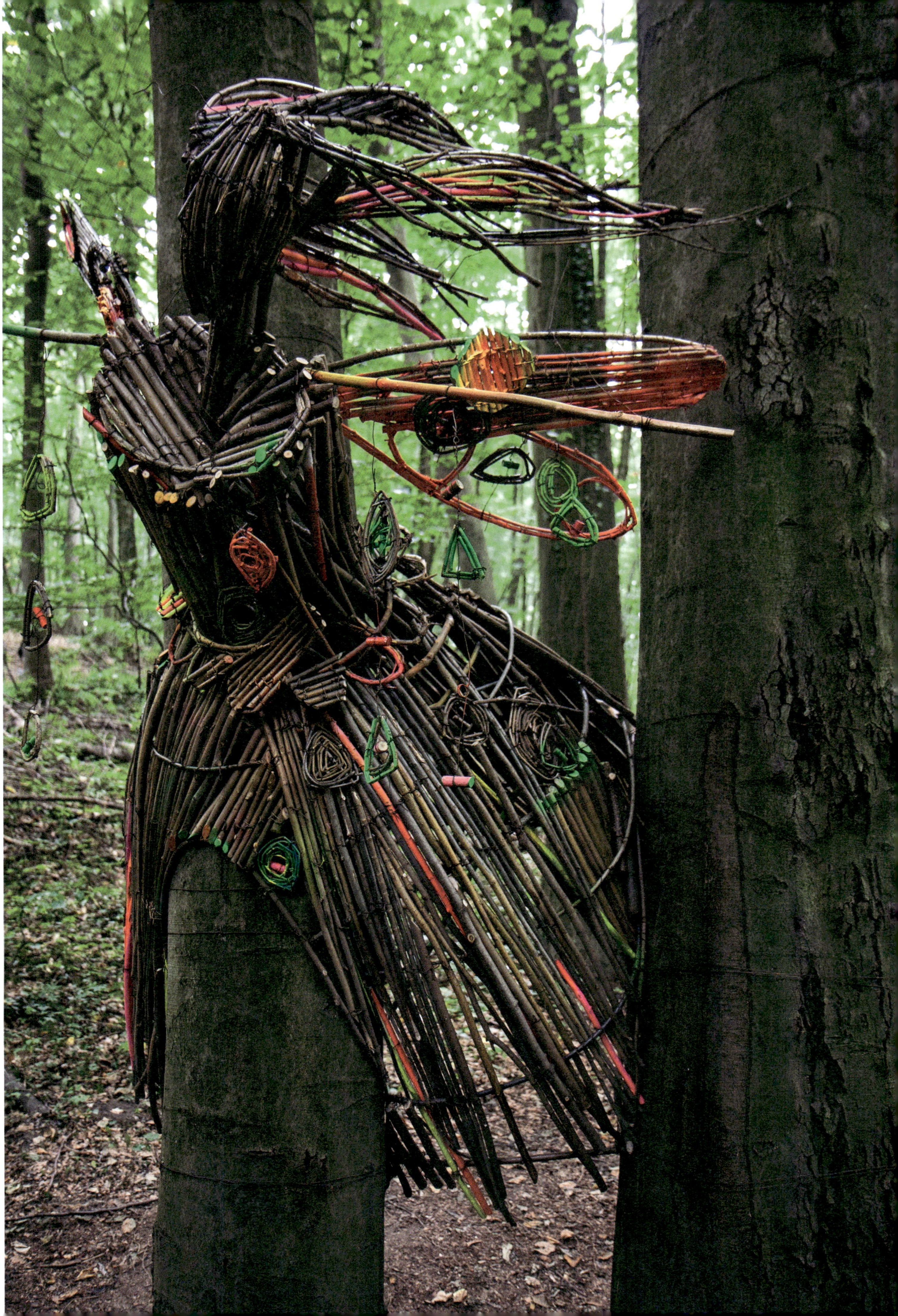

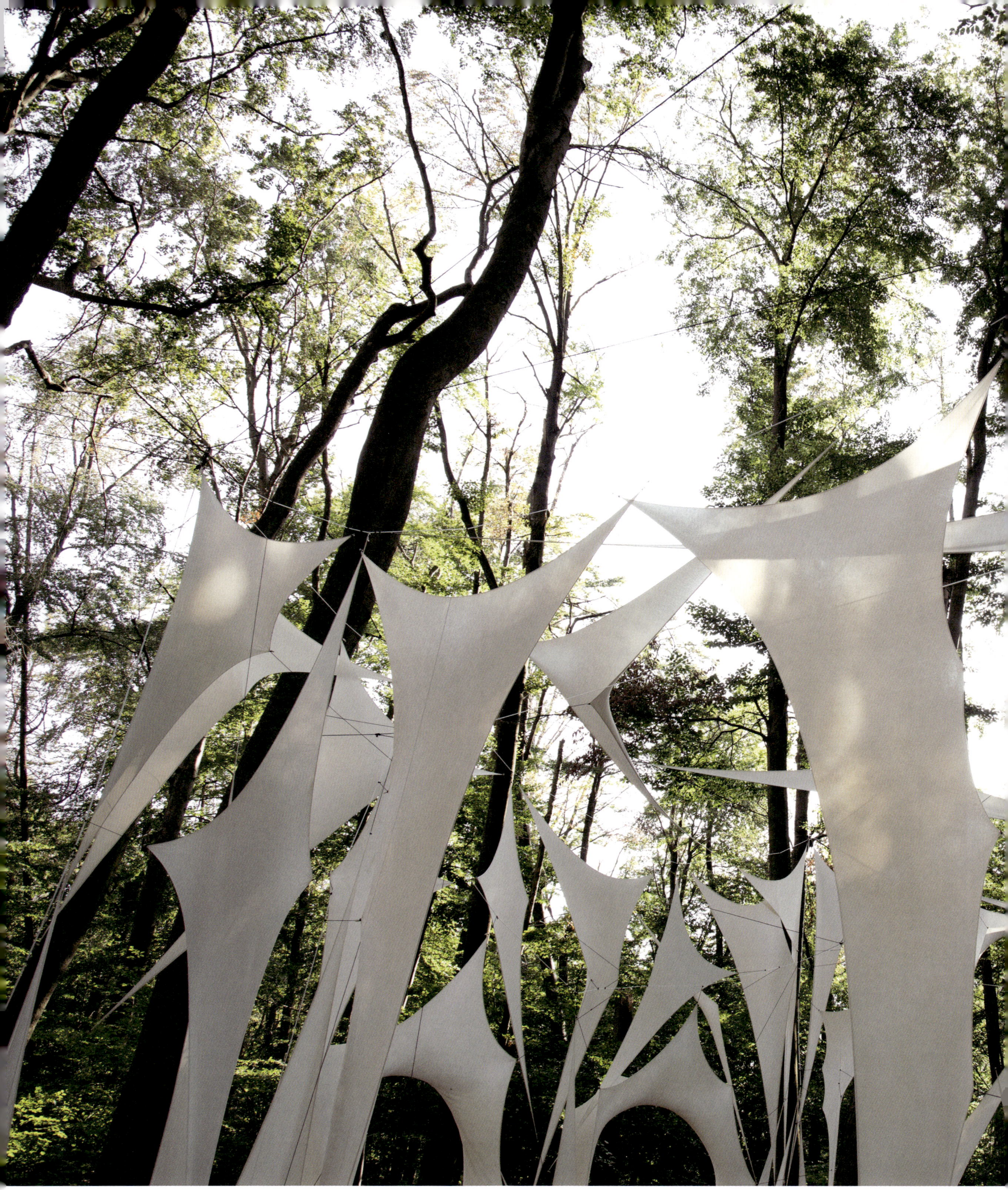

◀ Jens J. Meyer (Deutschland), »The Cube« - Observatorium für Bionik und Transformation, 10. Waldkunstpfad 2020

▲ Sehriban Köksal Kurt (Türkei/Deutschland), »Geborgen«, 10. Waldkunstpfad 2020

▲ Käthe Wenzel (Deutschland), »Knochenvögel«,
7. Waldkunstpfad 2014

▶ Fredie Beckmans (Niederlande),
»Wolkenkuckucksheim«,
10. Waldkunstpfad 2020

GARTENBAUMLÄUFER
WEIßSTORCH
SUMPFMEISE
TURTEL TAUBE
ROHRDOMMEL
WIEDEHOPF
SCHWARZSPECHT
GRAU GANS
STOCK ENTE
ELSTER
HABICHT
ROTMILAN
KLEIBER
MÄUSEBUSSARD
RABENKRÄHE
BLAUMEISE
RINGELTAUBE
EISVOGEL
GRAUREIHER
AMSE
BACHSTELZE
GRÜNFINK
LACHMÖWE
FITIS
MAUERSEGLER
STEINKAUZ
FELDLERCHE
ROTDROSSEL
TURTELTAUBE
SILBERMÖWE
NACHTIGALL
BAUMLÄUFER
AUSROTSCHWANZ
UERSCHNÄPPER
BSTORCH
DOHLE
FASAN

                                      HÖCKERGANS
                                   MÖNCHSSITTICH
                                   KARMINGIMPEL
                                   HAUSROTSCHWANZ
                        HALSBANDSITTICH
                        STRAßENTAUBE
                        NANDU   REIS
     ROSTGANS   DORF   FINK
     BRAUTENTE   WEBER
     JAGDFASAN   HAUSENTE
                        SILBER
     ZEBRAFINK   REIHER   ROTHUHN
     HAUSTAUBE   HÖCKERSCHWAN

CHINESISCHE NACHTIGALL
SONNEN...
LACHTAUBE

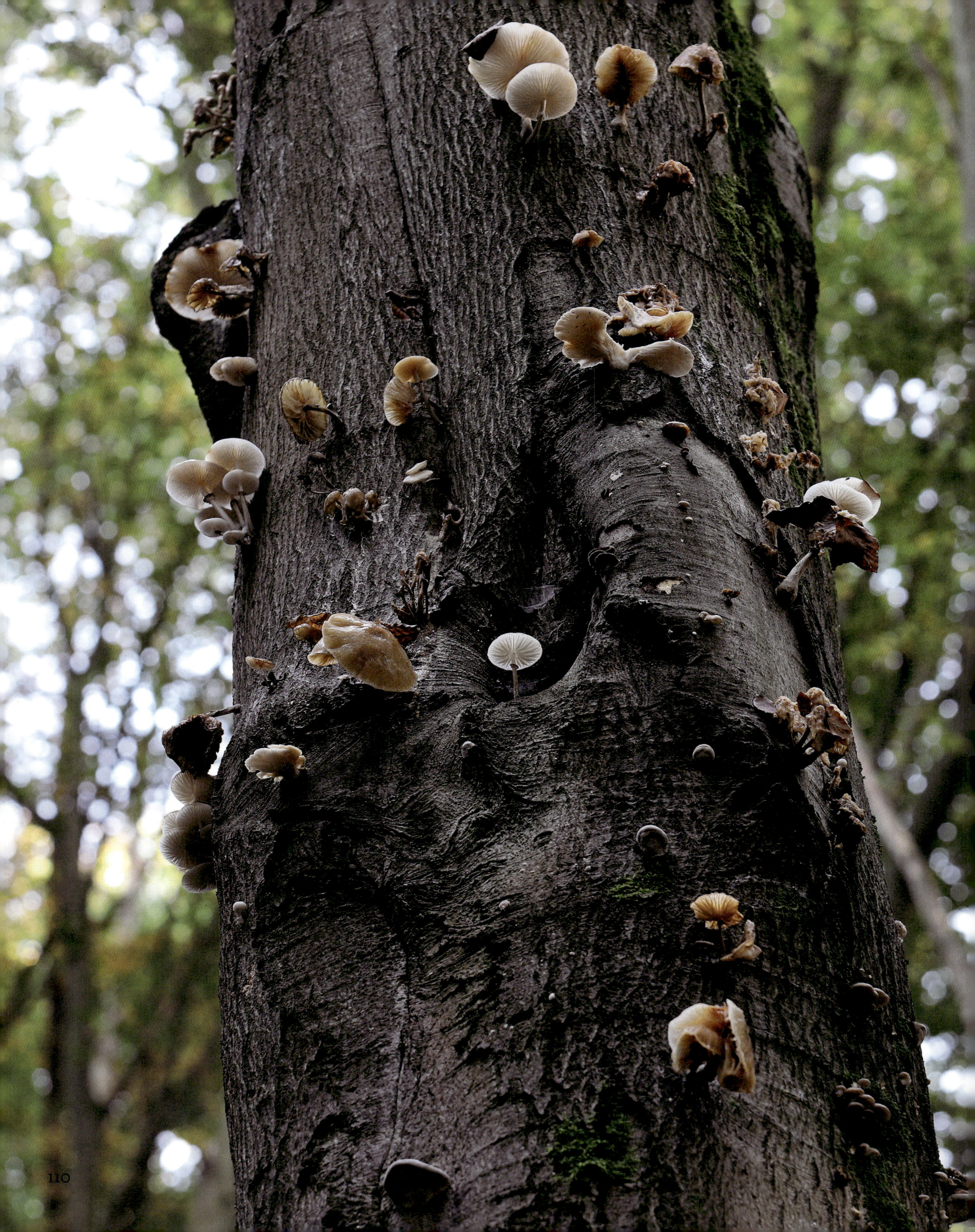

◀ Buchenschleimrüblinge beginnen an einer stehenden, abgestorbenen alten Rotbuche mit ihrer Zersetzungsarbeit. Es sind unterschiedliche Altersphasen des Pilzes nebeneinander zu sehen. Die Hüte leben nach ihrer vollen Entfaltung nur kurze Zeit, hängen dann noch als abgestorbene braune Büschel am Stamm, bevor sie vergehen.

▲ Giftig, aber schön. Jeder kennt ihn, den Fliegenpilz. Häufiger Mykorrhizapilz in den birkenreichen Waldbeständen im Bessunger Forst.

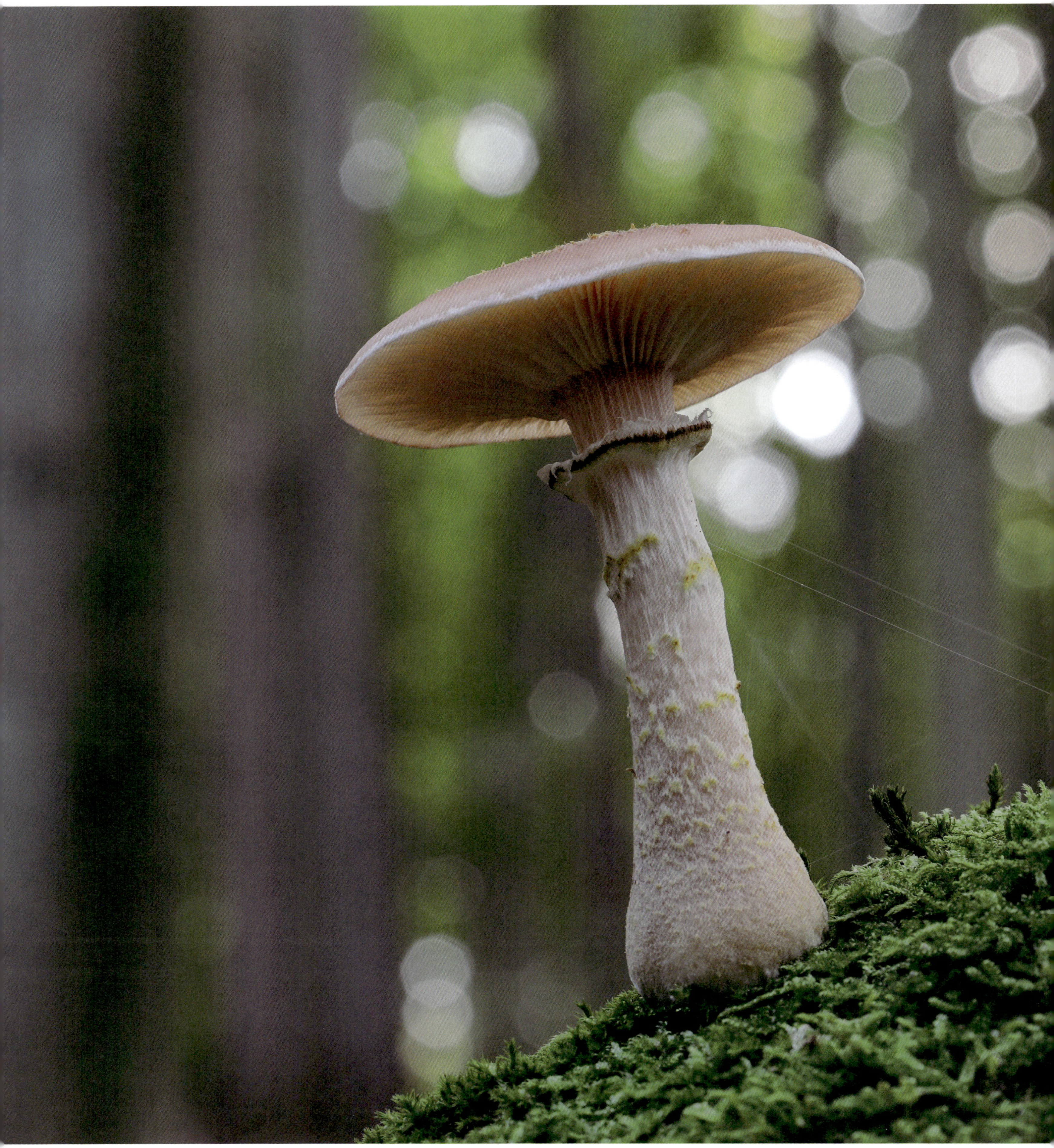

◄ Hallimasch, ein Pilz mit vielen Gesichtern und Variationen. Hier ein Fruchtkörper auf einer zusammengebrochenen alten Buche.

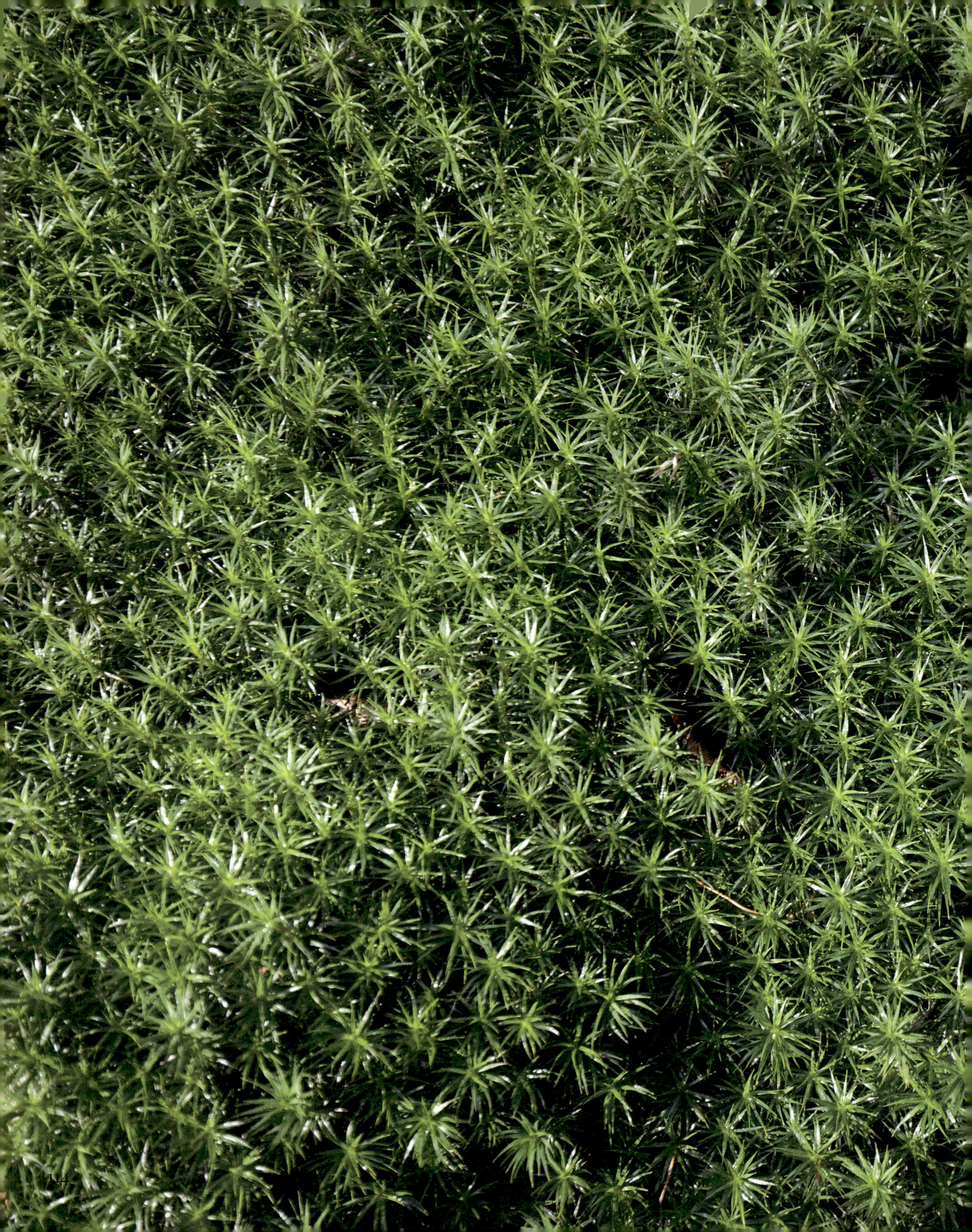

◄ Schönes Frauenhaarmoos. Eines unserer häufigsten Waldmoose. Moose können bis zum zwanzigfachen ihres Gewichtes an Wasser aufnehmen. Sie gehören zu den wichtigen Wasserspeichern im Wald und haben somit auch unmittelbaren Einfluss auf das Waldinnenklima.

▲ Helmlinge Mitte November. Die Gattung der Helmlinge ist eine der größten Lamellenpilzgattungen. Alleine in Europa sind rund 120 Arten bekannt. Der Bauplan des Grundmodells mit seinem glockenförmigen Hut ist immer gleich. Trotzdem sind die unzähligen Variationsmöglichkeiten faszinierend.

▶ Schwefelköpfe besiedeln einen alten Baumstubben und bilden dabei einen richtigen Pilzrasen.

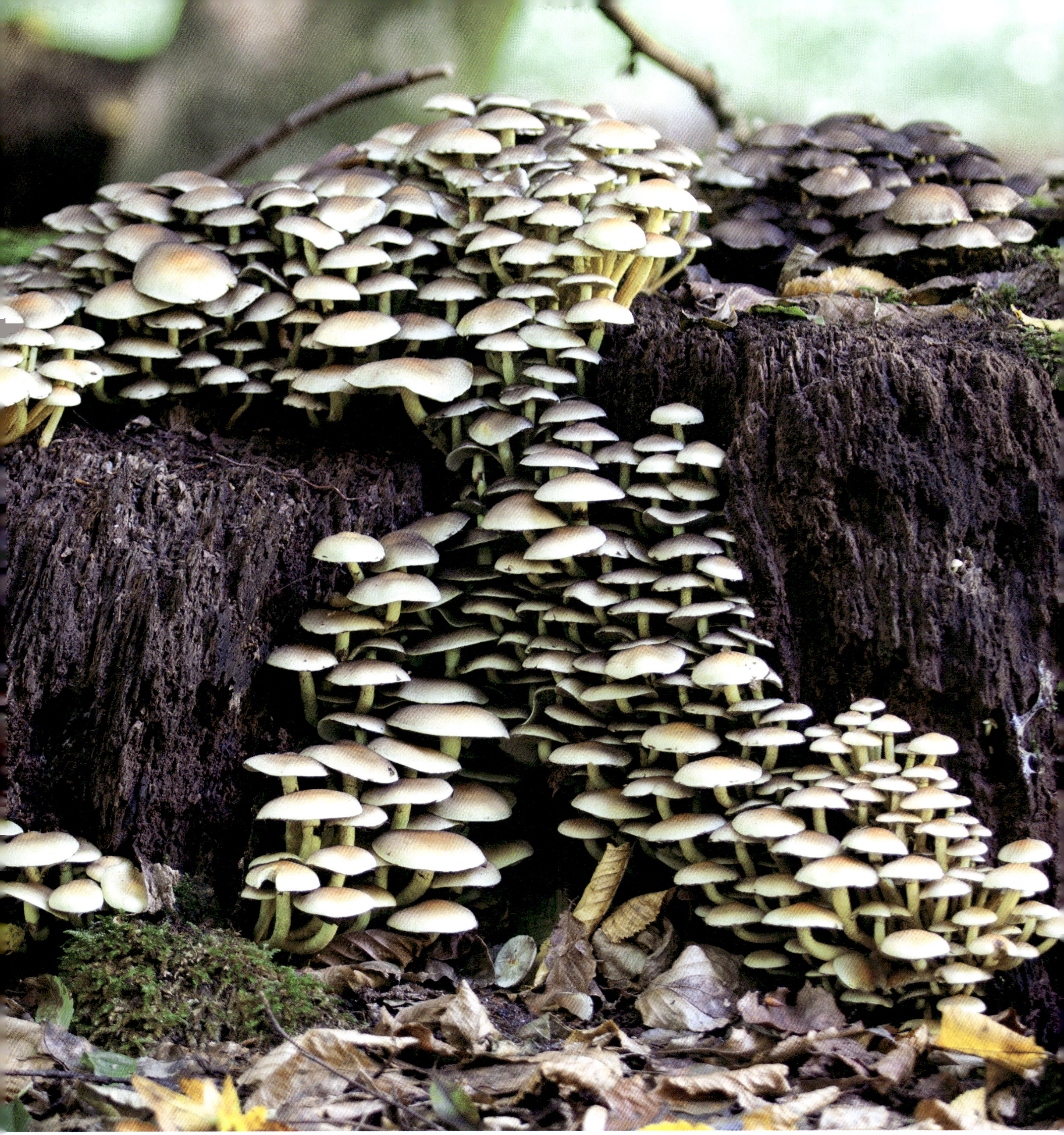

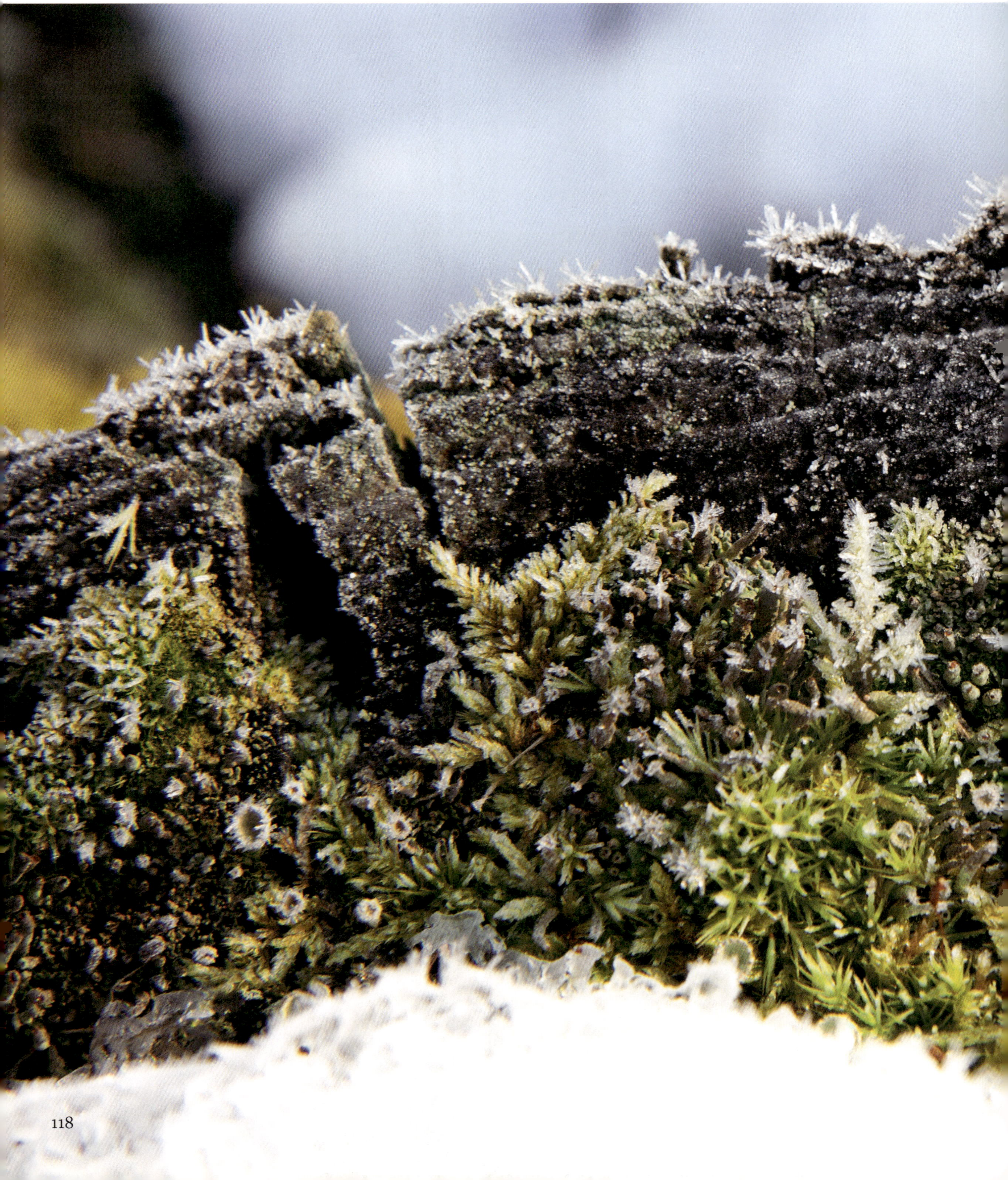

◀ Moose, Flechten, Pilze. Ein Ausschnitt von nur wenigen Quadratzentimetern zeigt einen Teil der Artenvielfalt auf »Totholz«. Hier auf einem Fichtenstubben.

▶ Geweihförmige Holzkeulen. Der »Geweihpilz« ist im Herbst häufig auf alten Laubholzstubben zu sehen.

121

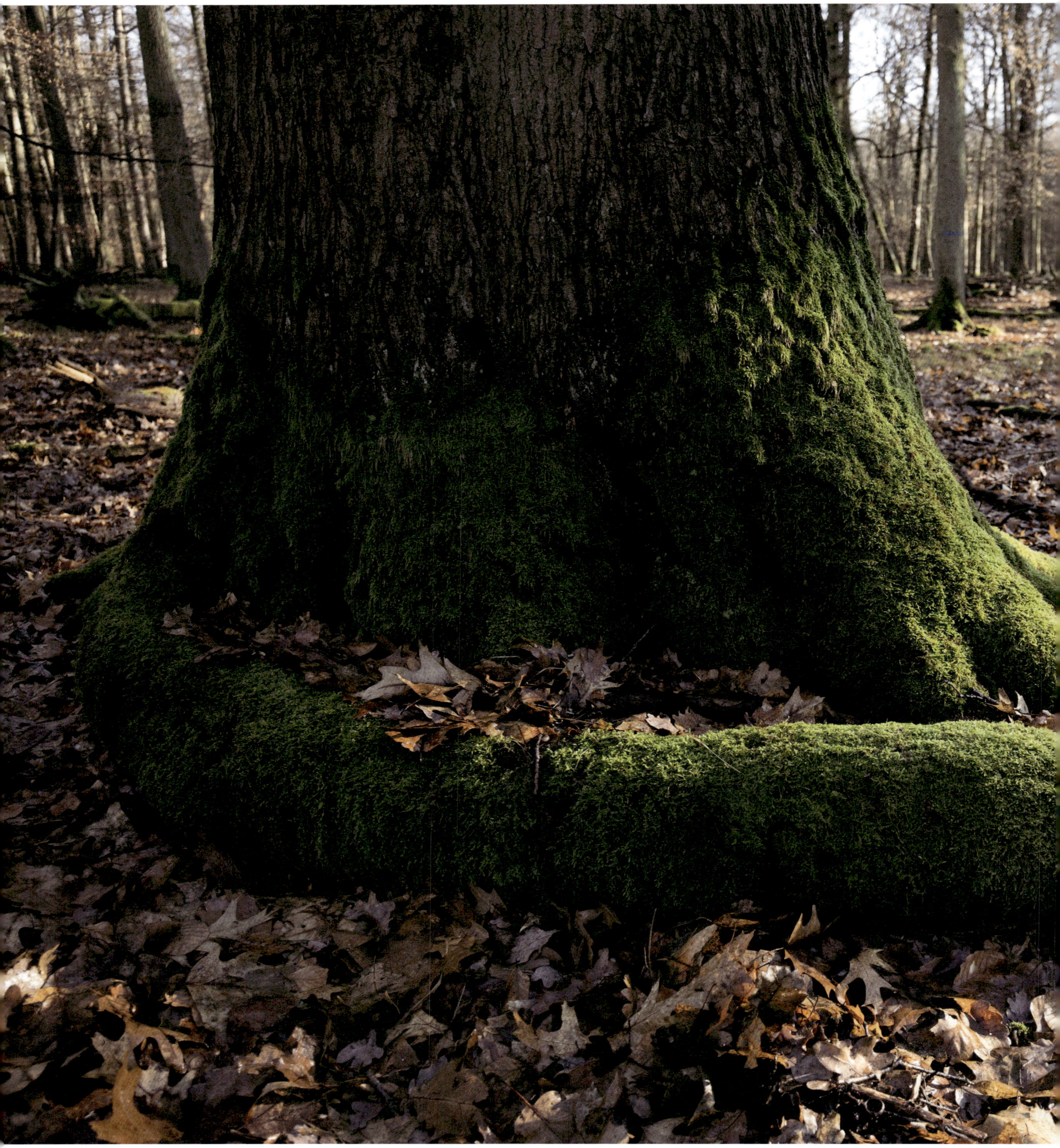

◄ Fest verankert stehen die über 100-jährigen Roteichen in einem anerkannten Saatgutbestand am Stellweg im Bessunger Forst.

▲▲ Eine Erdkröte gräbt sich bei den ersten angenehmen Frühlingstemperaturen aus dem Erdboden in der Nähe des Kirchbergteichs.

▲ Die ersten Sonnenstrahlen nutzt die Ringelnatter im Kranichsteiner Wald, um sich aufzuwärmen.

▲▲ Eichhörnchen bei der Nahrungsaufnahme am Boden.

▲ Ein gelber Farbtupfer im einheitlichen Braun. Im modrigen Buchenlaub sammelt sich Regenwasser in einem Blatt der Elsbeere.

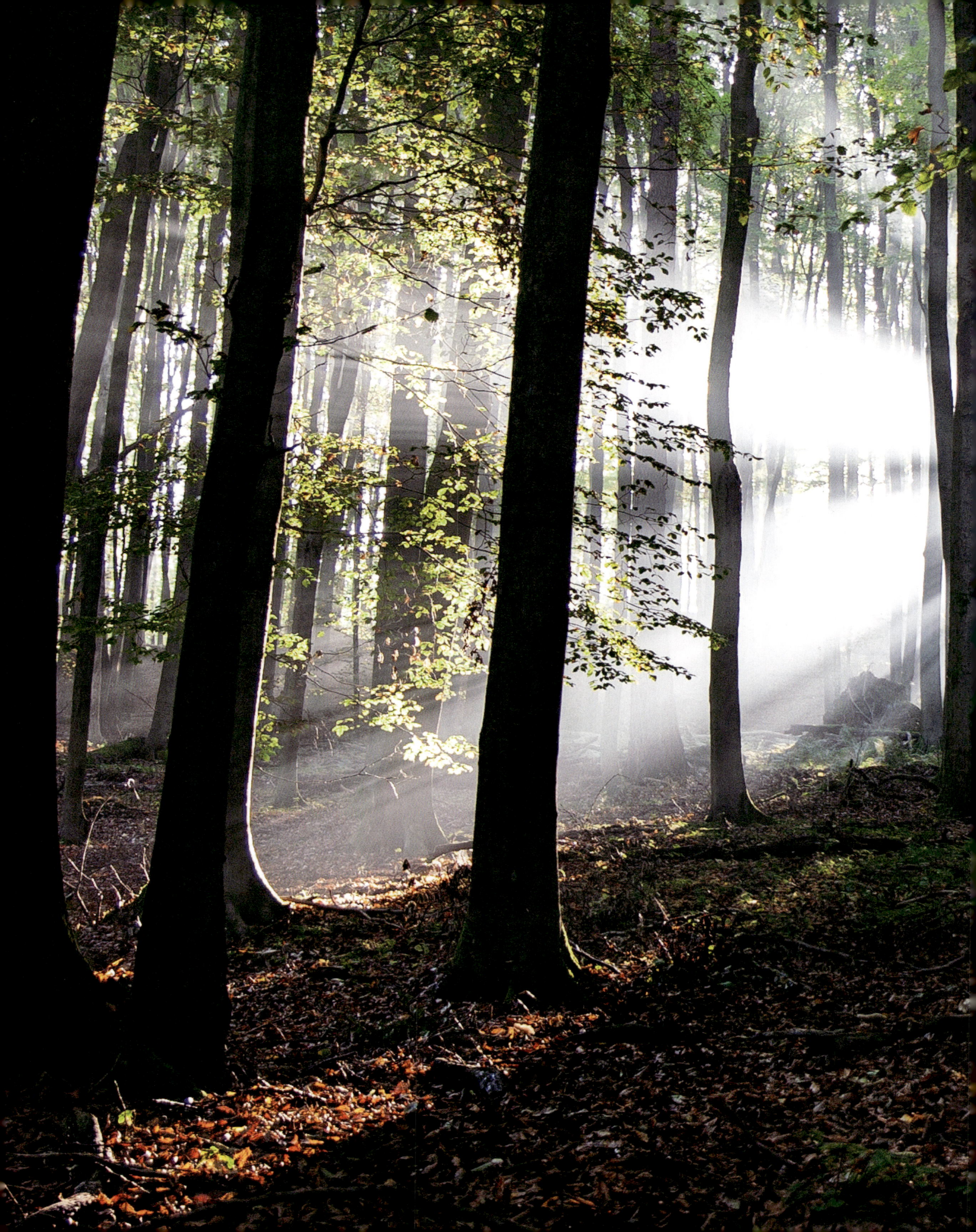

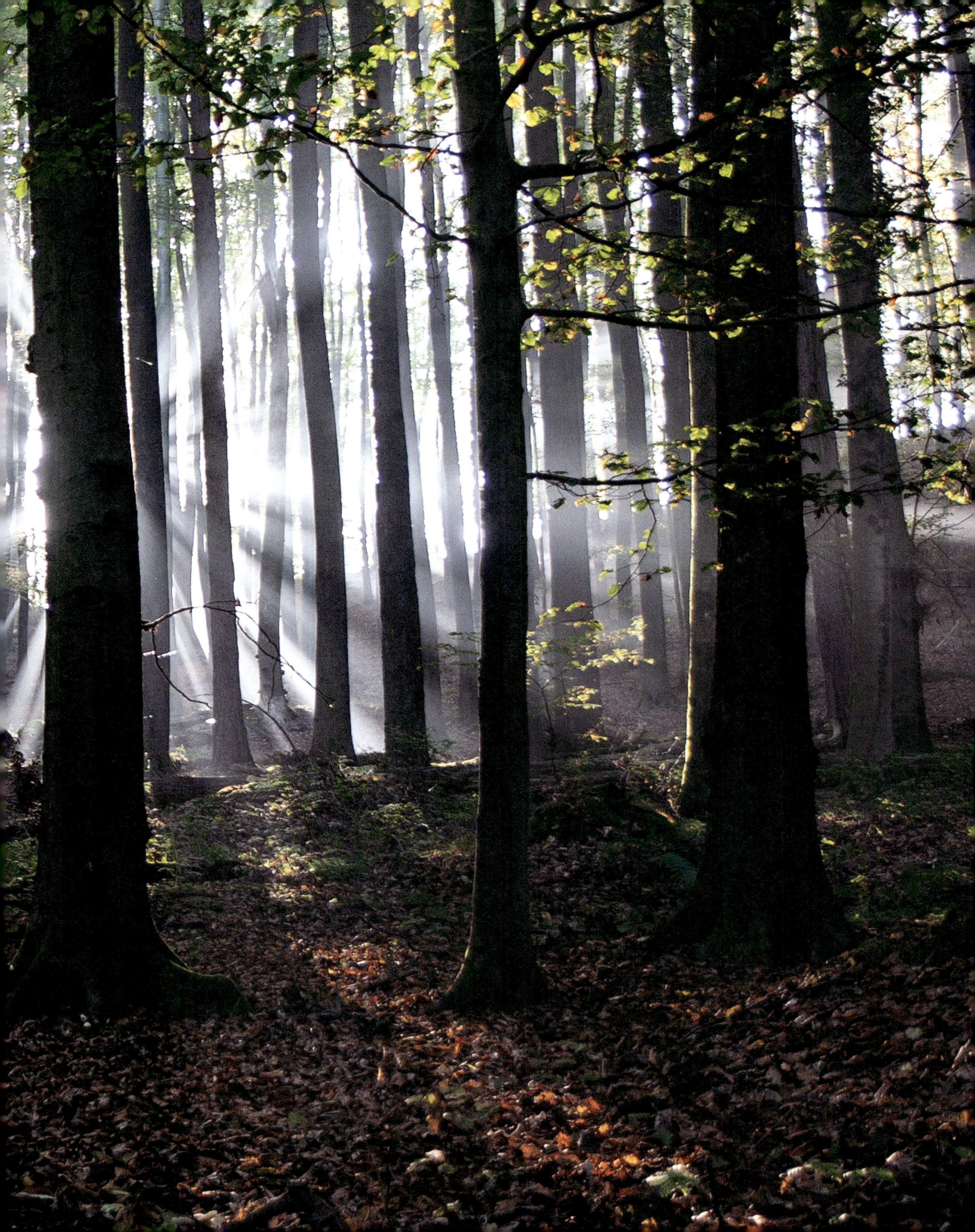

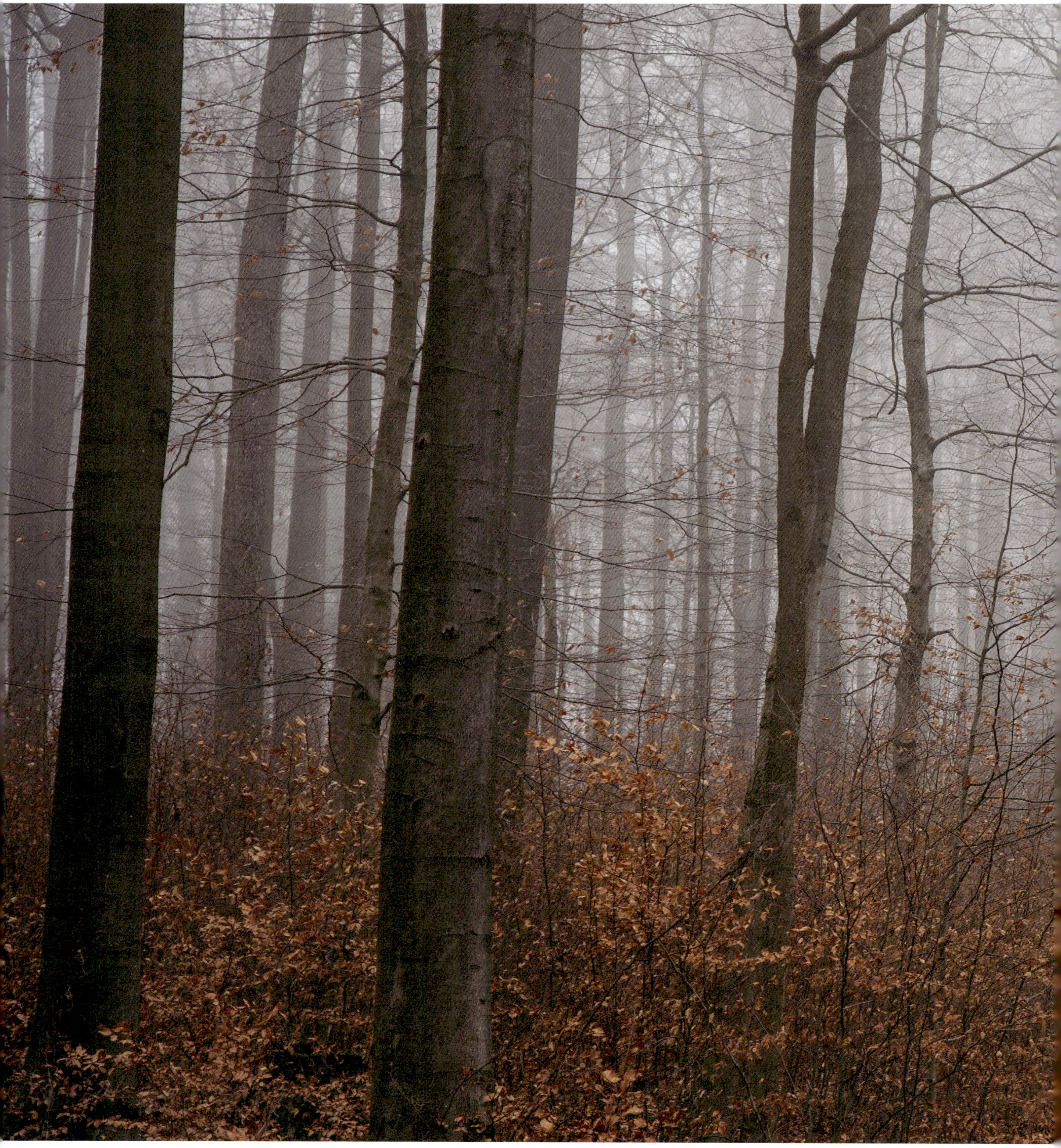

◄◄ Der Herbst beginnt. Leichte Morgennebel kommen auf und das Laub der Buchen im Naturwaldreservat »Kniebrecht« verfärbt sich schon leicht. Eine unserer schönsten Jahreszeiten.

◄ Neblig trübe Stimmung in einem verjüngten Buchenaltholz zum Ende des Herbstes.

▲ Roteichen machen ihrem Namen alle Ehre. Sie bereichern den Herbstwald mit ihrer intensiven roten Blattfärbung.

▶ Die Früchte der Rosskastanie warten darauf, dass die Fruchtschalen sich öffnen.

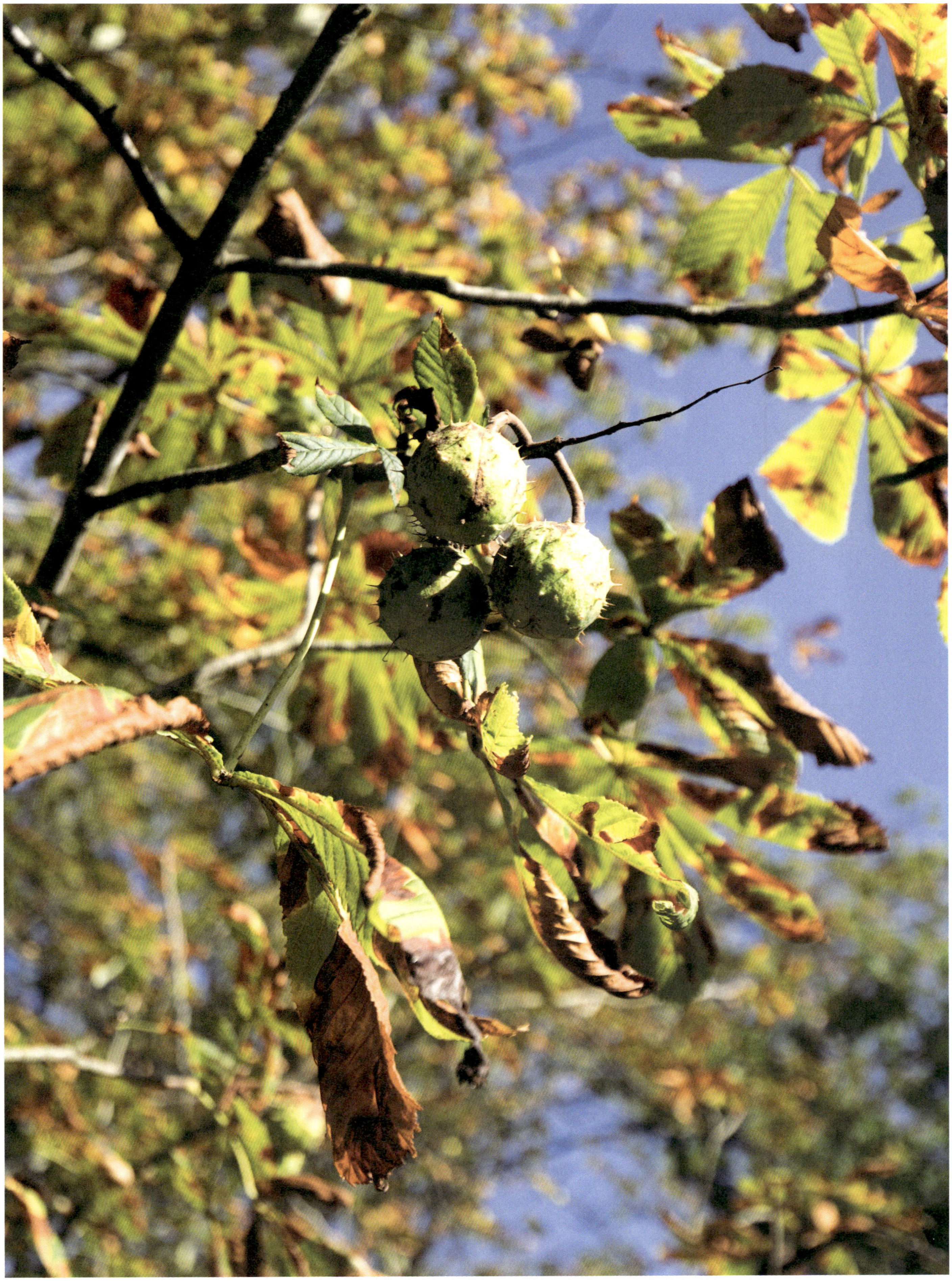

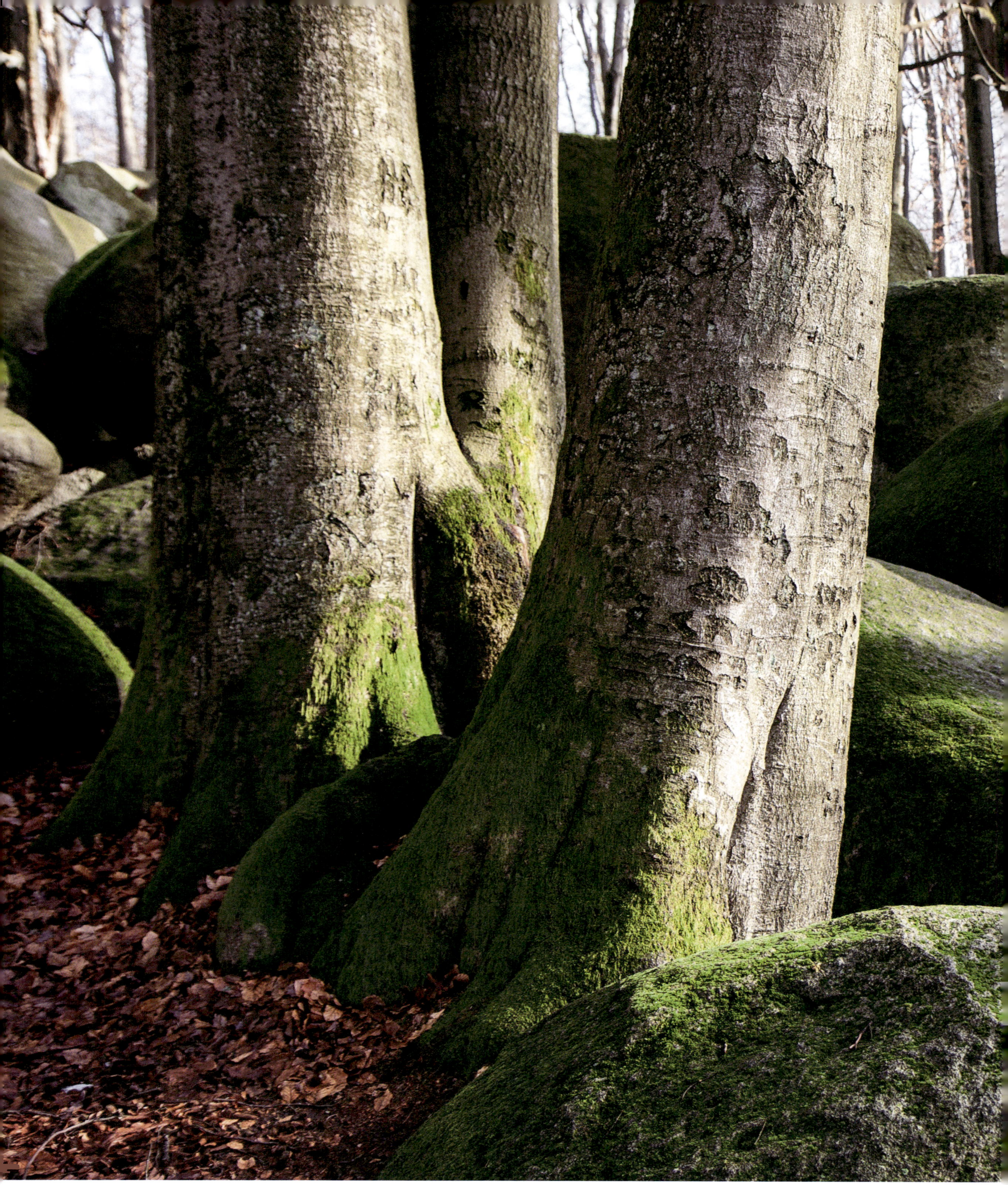

◄ Es ist beeindruckend, welche Lebensräume sich die Rotbuche erobert. Hier auf blocküberlagerten Waldstandorten im vorderen Odenwald am Felsberg, der südlichsten Grenze des Forstamtes Darmstadt.

► Goldener Oktober im Buchenwald.

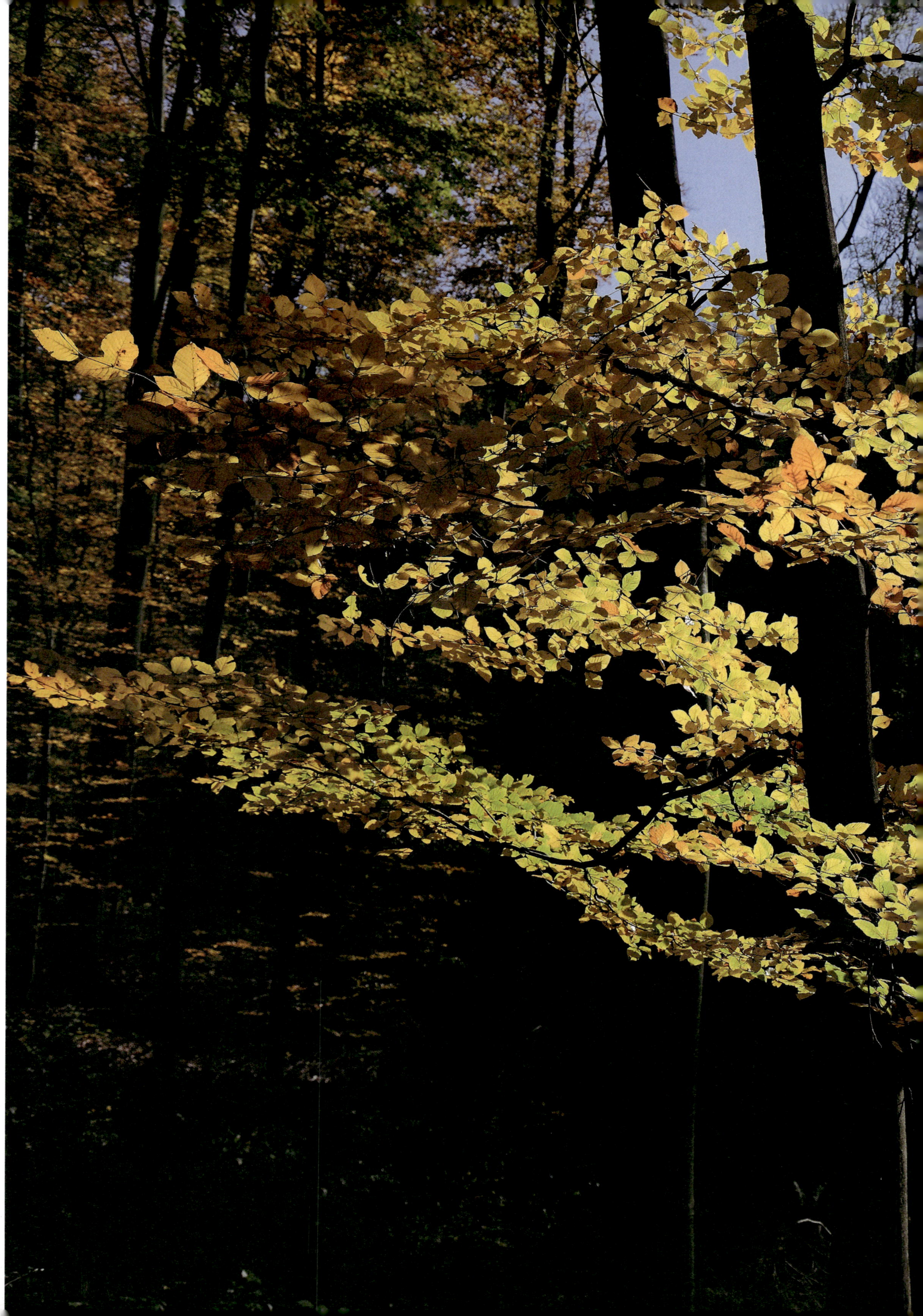

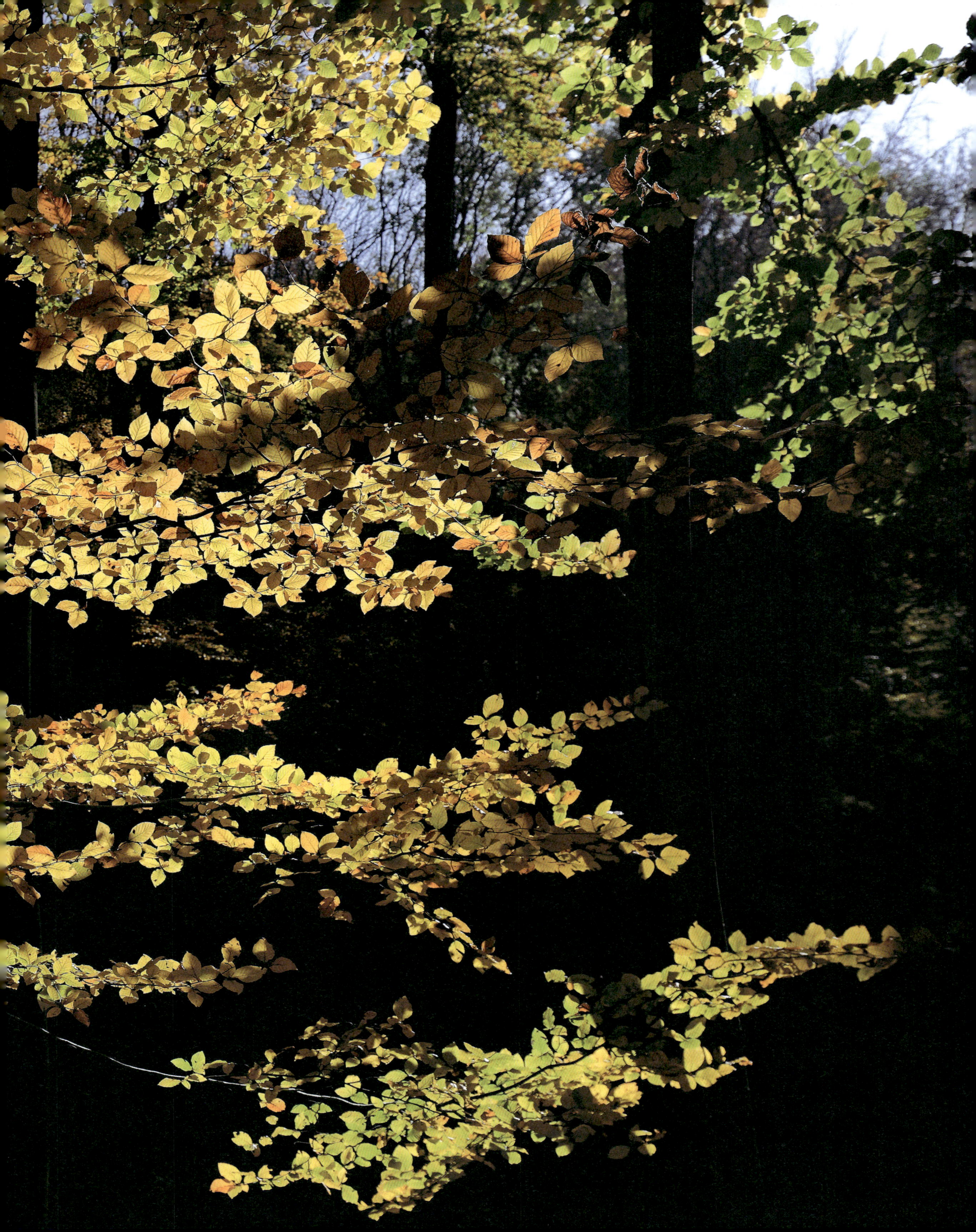

▶ Indian Summer in Darmstadts Wäldern. Der Spitzahorn wird künftig als Mischbaumart mehr Anteil an unseren Waldbeständen haben. Er stellt weniger Ansprüche an die Nährstoff- und Wasserversorgung als der Bergahorn. Er ist wärmebedürftig und kann auch auf trockeneren Standorten gut wachsen. Er gilt als ein Klimagewinner und soll helfen, unsere Wälder klimastabiler zu machen.

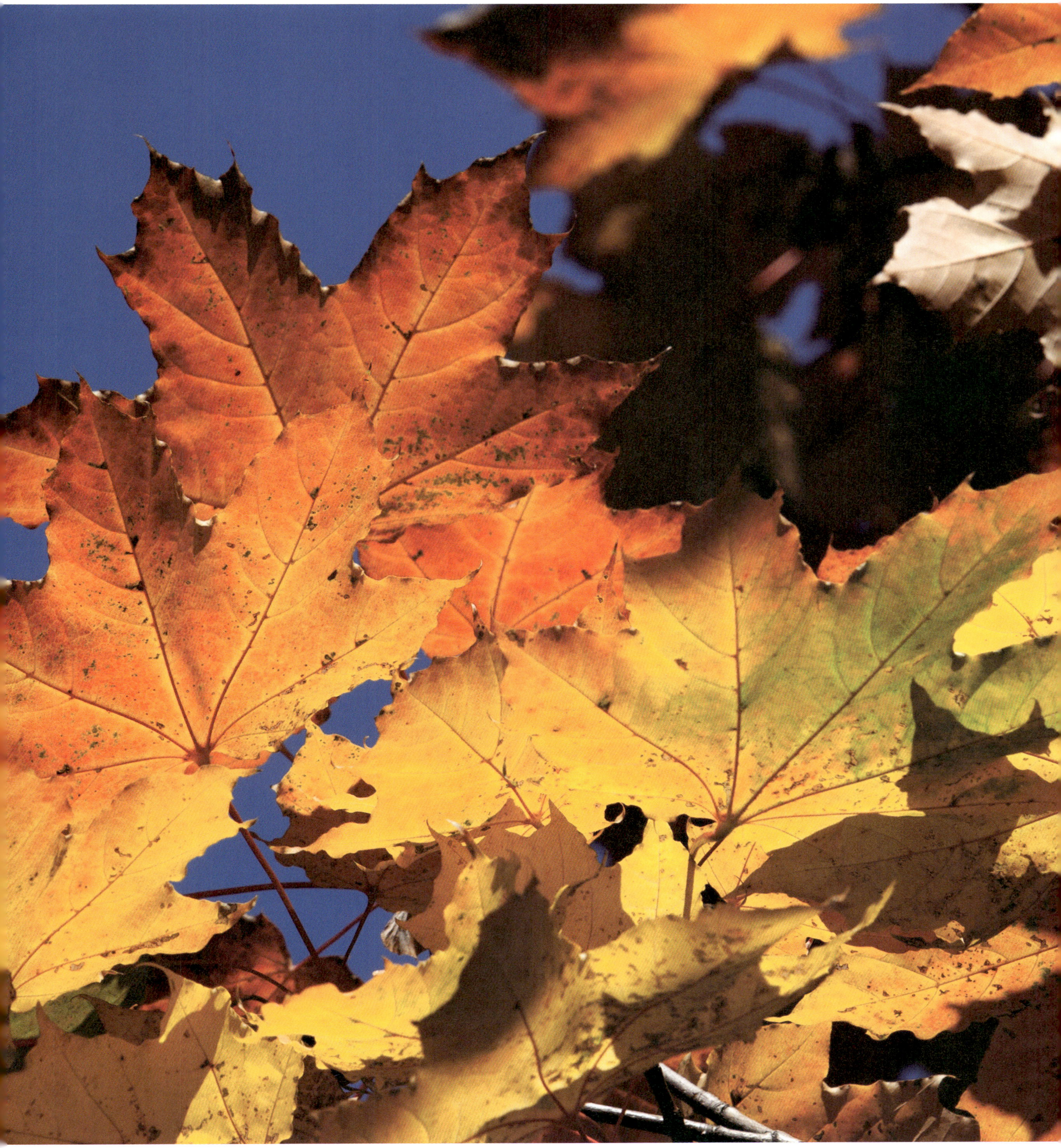

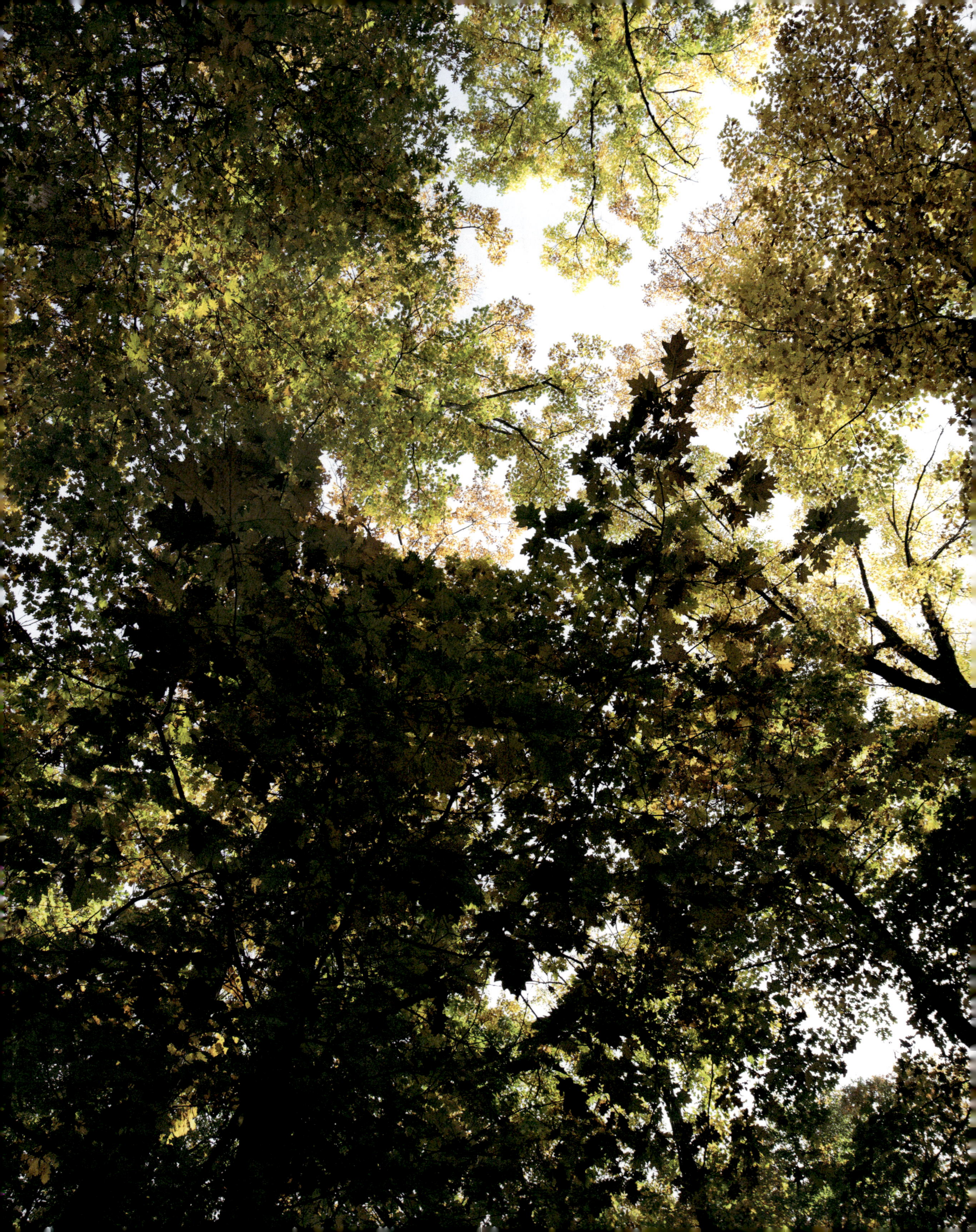

◀ Die ersten Roteichen verlieren Anfang Oktober in den Kronen bereits ihre verfärbten Blätter.

▲▲ Der Wald glüht. Buchenaltholz auf der Ludwigshöhe in voller Herbstfärbung. Meistens ein Aspekt nur weniger Tage.

▲ Erst nach dem Laubabfall kommt der »Goethefelsen« mit der »Teufelskralle« so richtig zur Geltung. Ein mystischer und sagenumwobener Waldort.

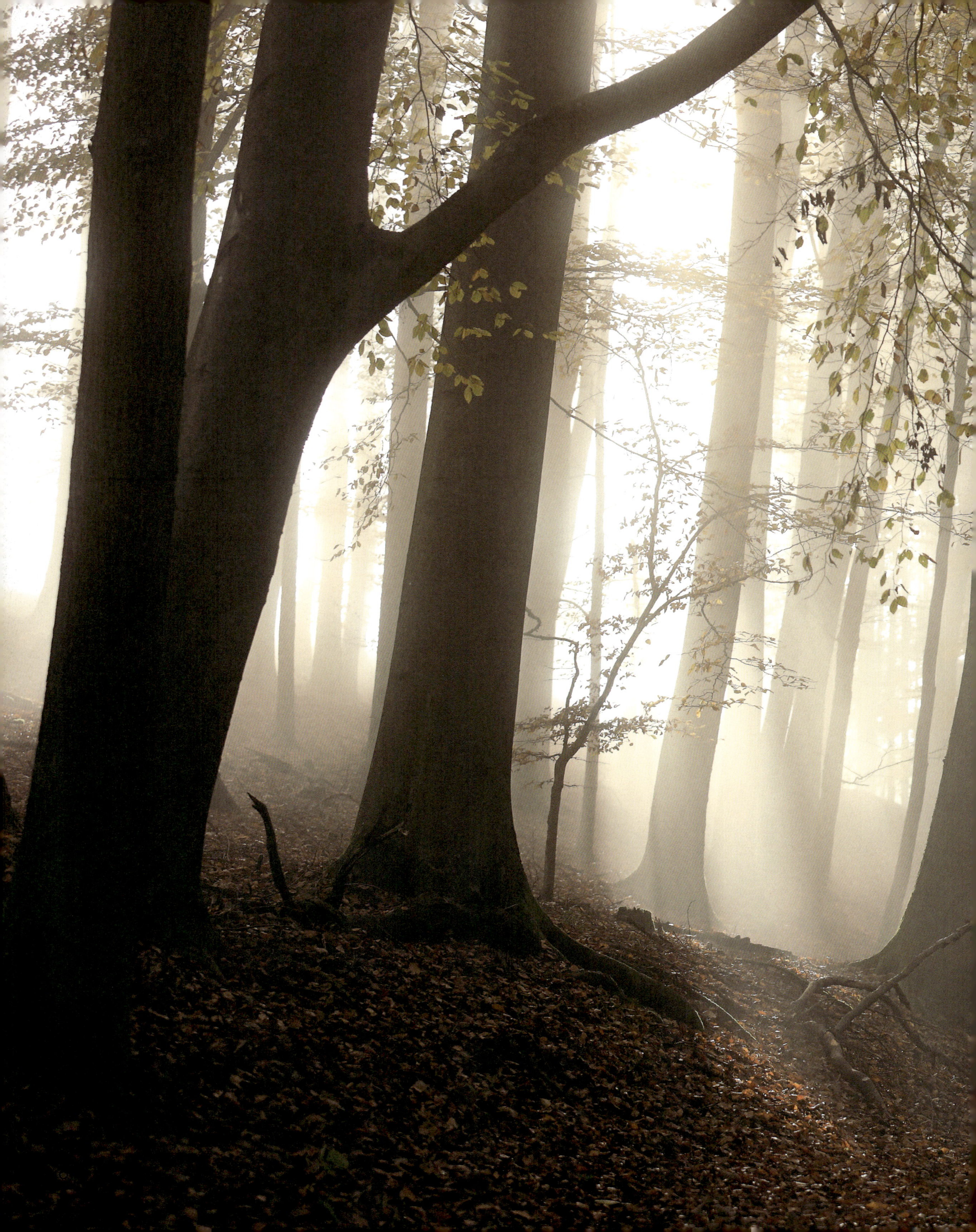

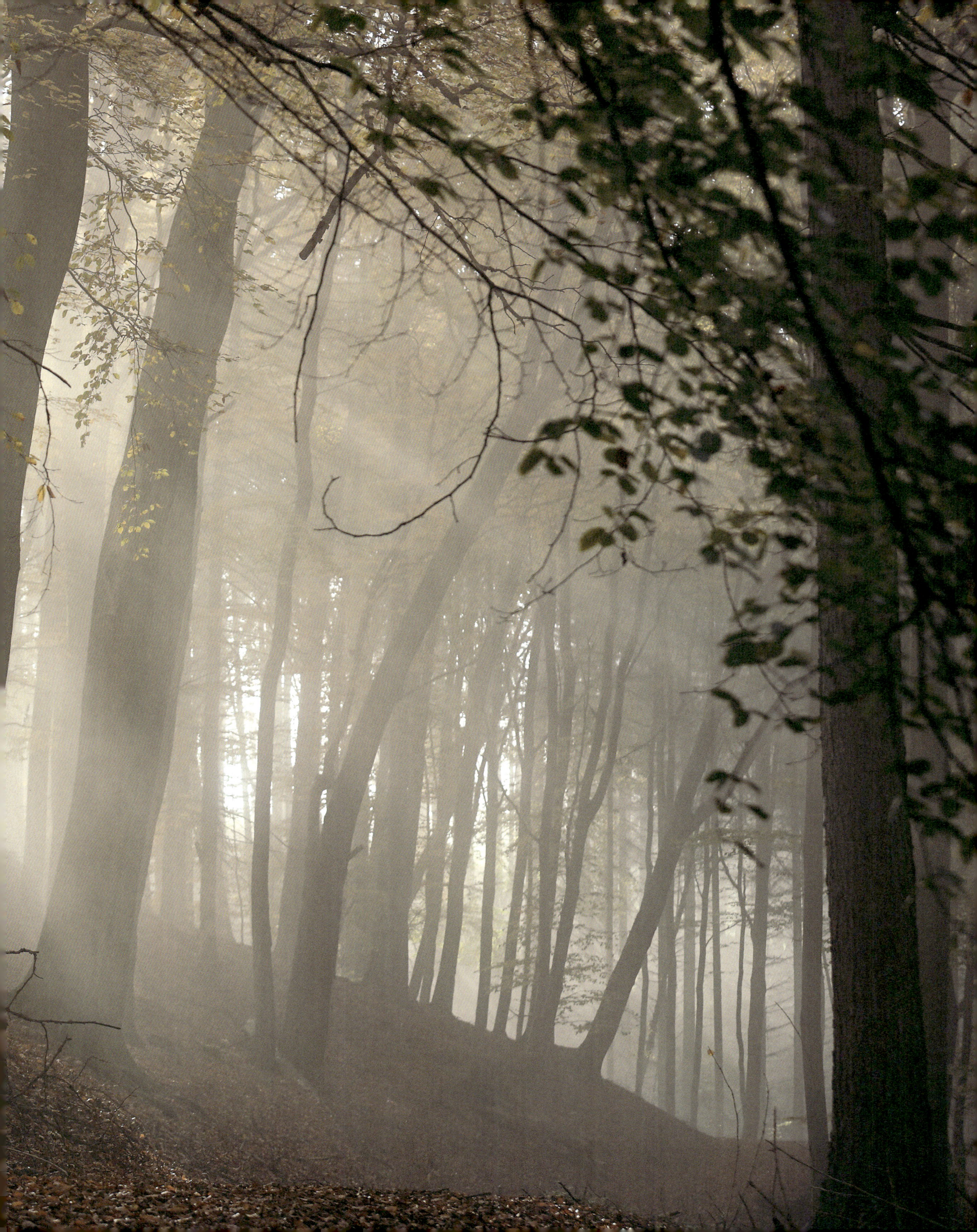

◄ Sehnsuchtsort Wald – Herbstnebel mit Sonnenstrahlen im Buchenwald.

► Erste Bodenfröste im Mörsbacher Grund zeigen an, dass der Winter naht.

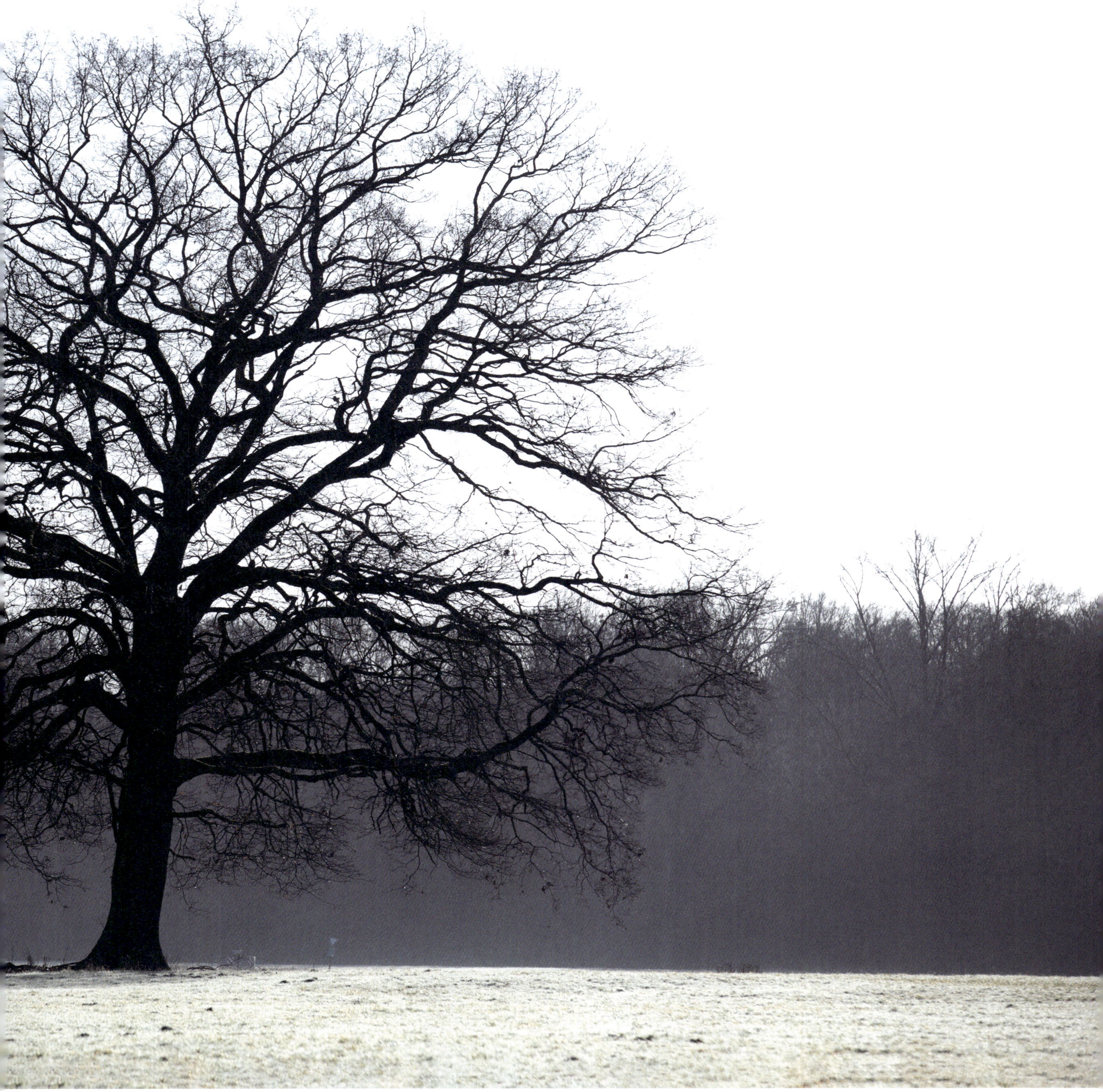

◄ Tiefhängende Wolken hüllen die Wälder am Osthang des Melibokus ein und verschleiern die Waldstrukturen.

► Herbstnebel im Buchenwald – nasskalt und mystisch schön.

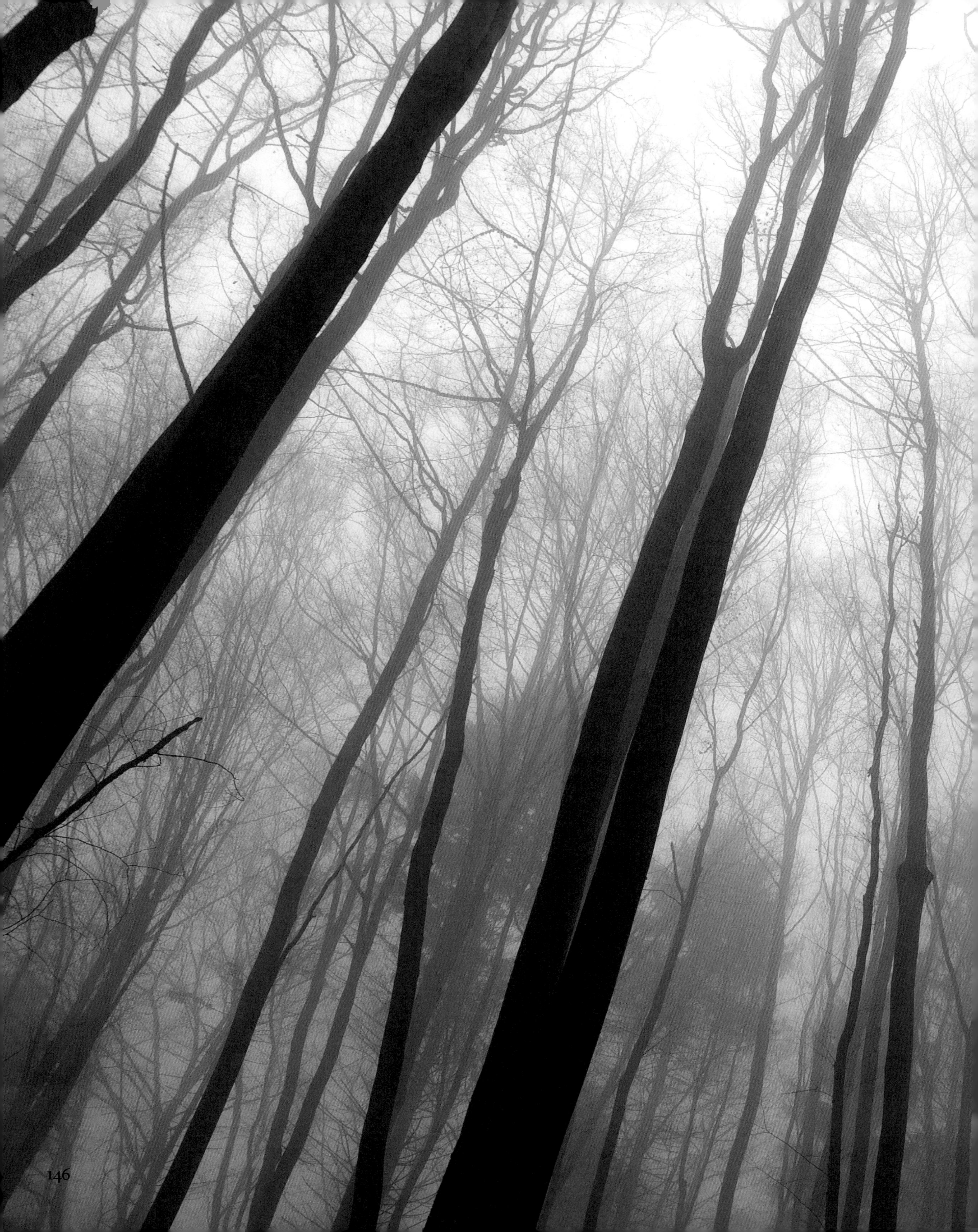

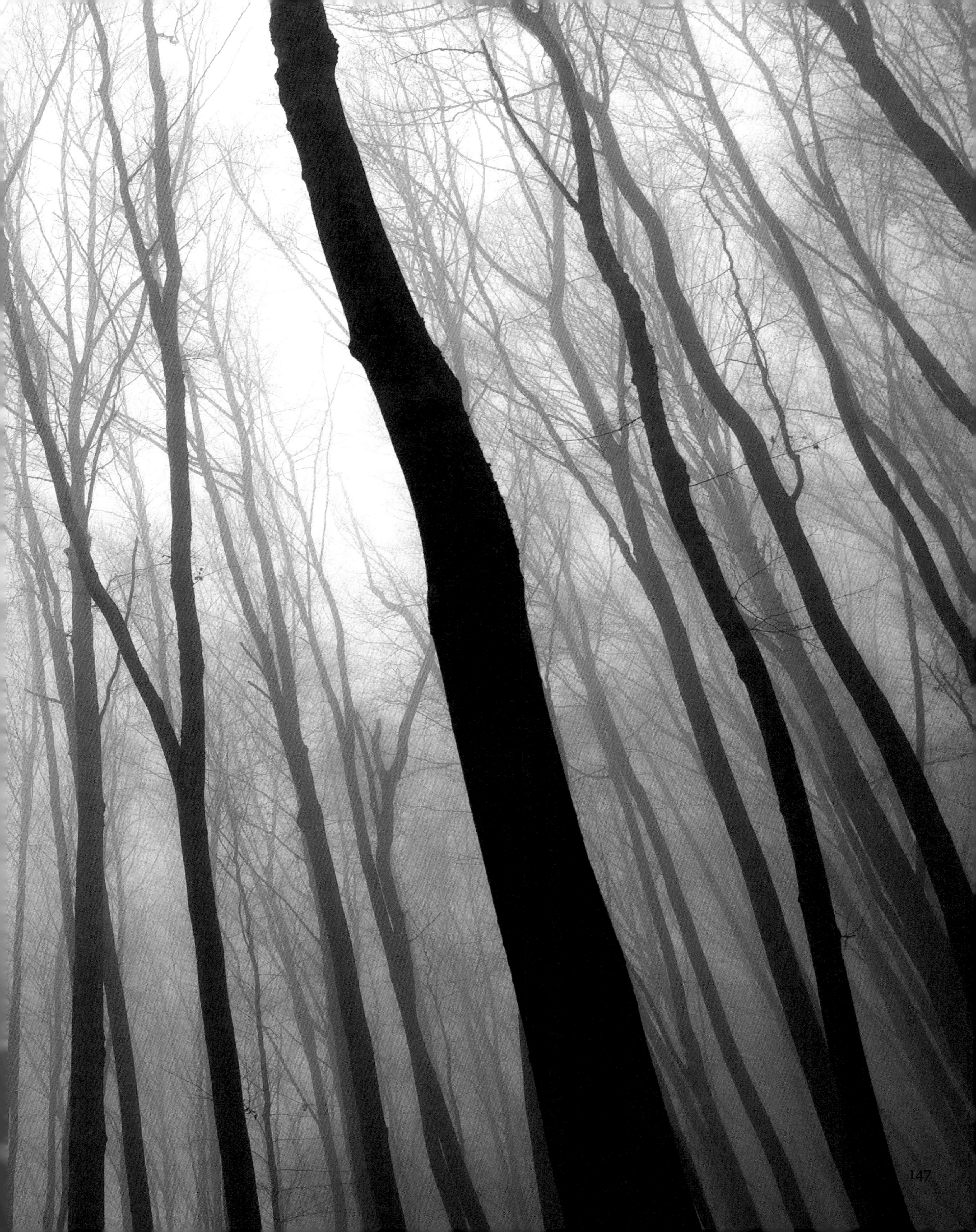

▲ Kunstwerk Spinnennetz. Erst der Morgentau macht das Bauwerk in seiner ganzen Schönheit sichtbar.

▲ Winter in der Hegbachaue. Tiefe Temperaturen bringen den Hegbach, an der nordöstlichen Grenze Darmstadts gelegen, zum Gefrieren. Wegen milderer Winter ein immer selteneres Phänomen.

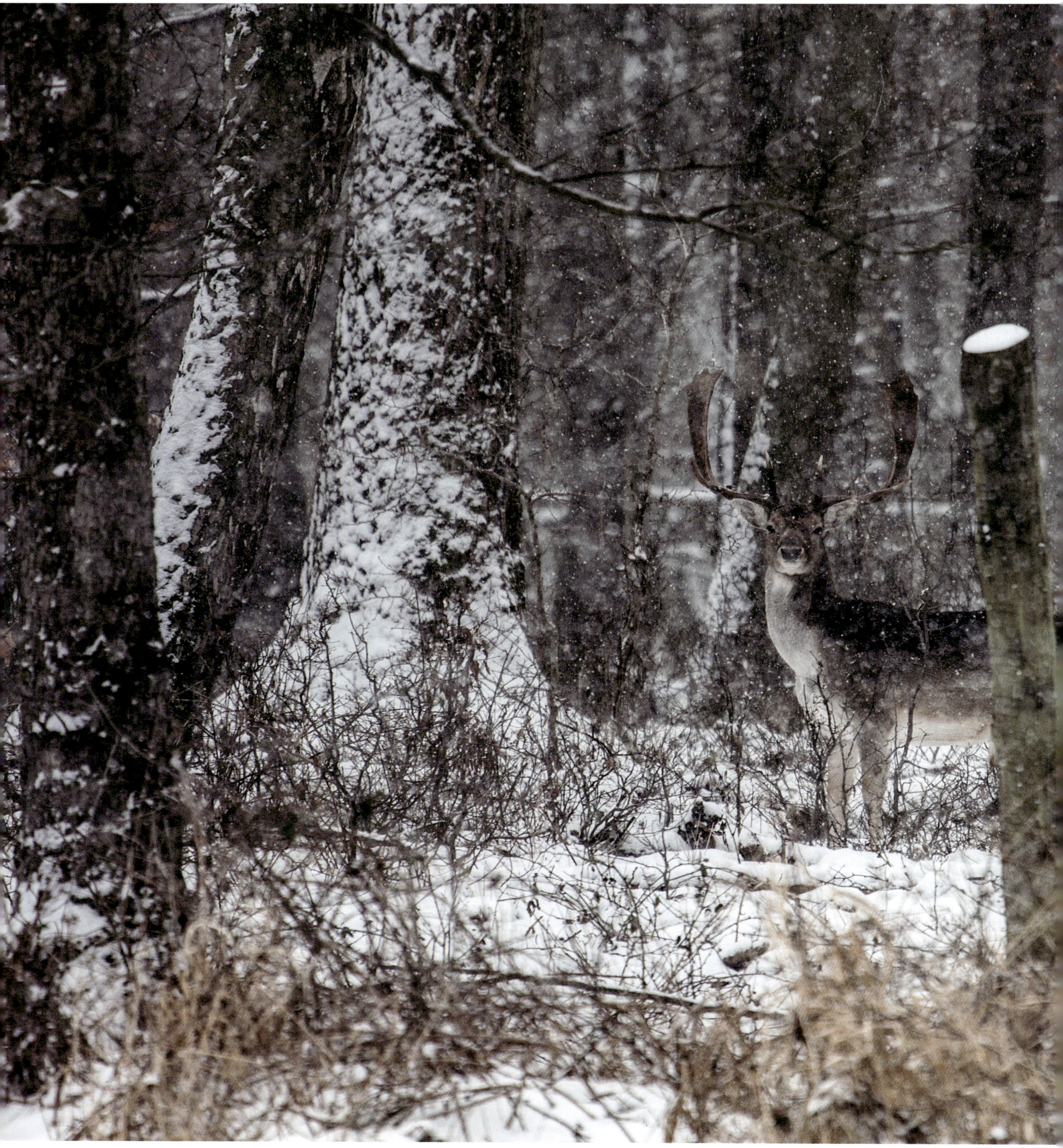

◄ Wintersuchbild. Verschmolzen mit der Landschaft und perfekt angepasst sichert ein kapitaler Damschaufler am Waldrand aus dem Schneetreiben heraus.

▶ Rotbuche im weißen Winterkleid.

▶▶ Der Schnee dämpft alle Geräusche im Winterwald. Man spürt die Ruhe und Stille im tiefverschneiten Buchenbestand. Leider ein Aspekt von meist nur kurzer Dauer.

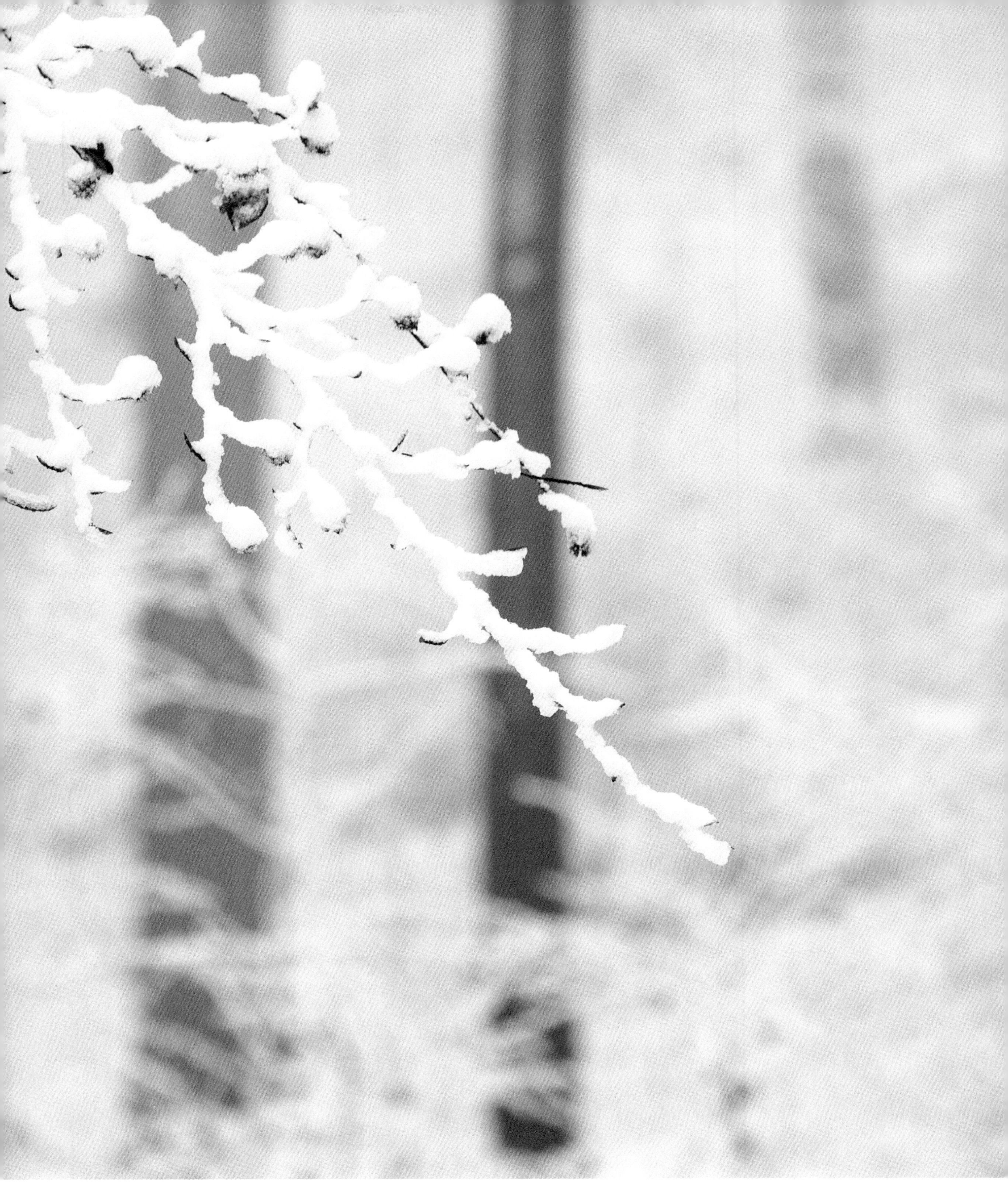

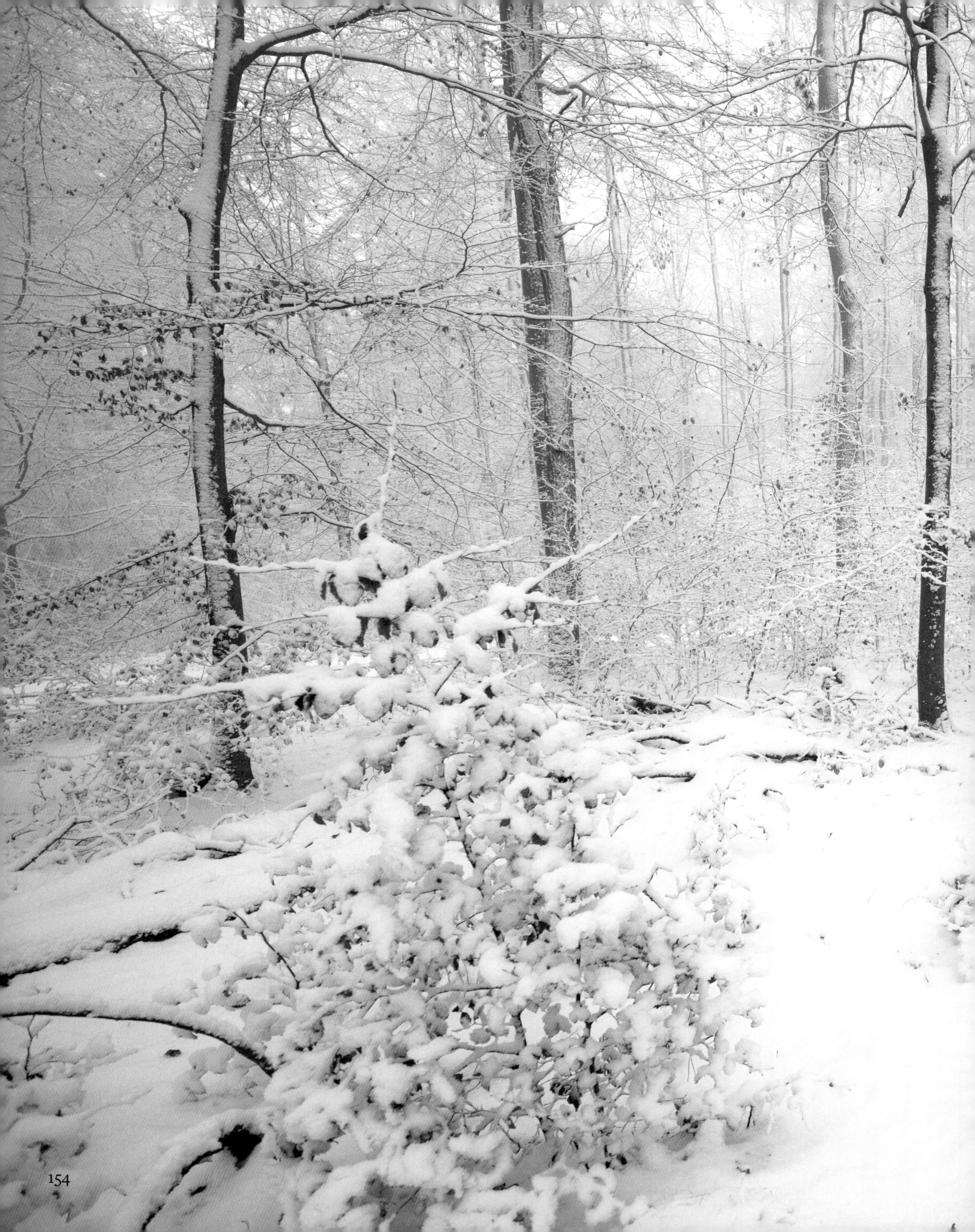

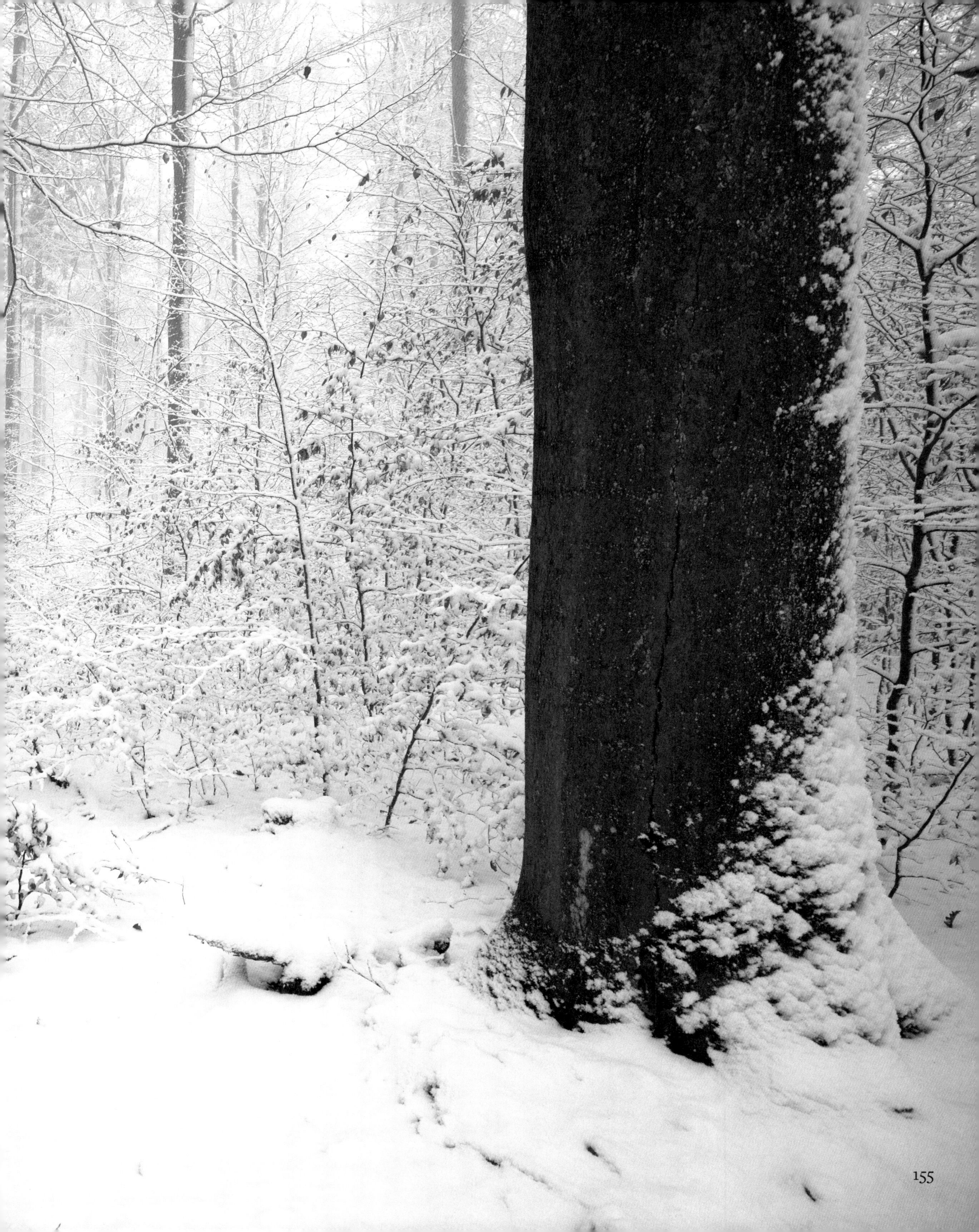

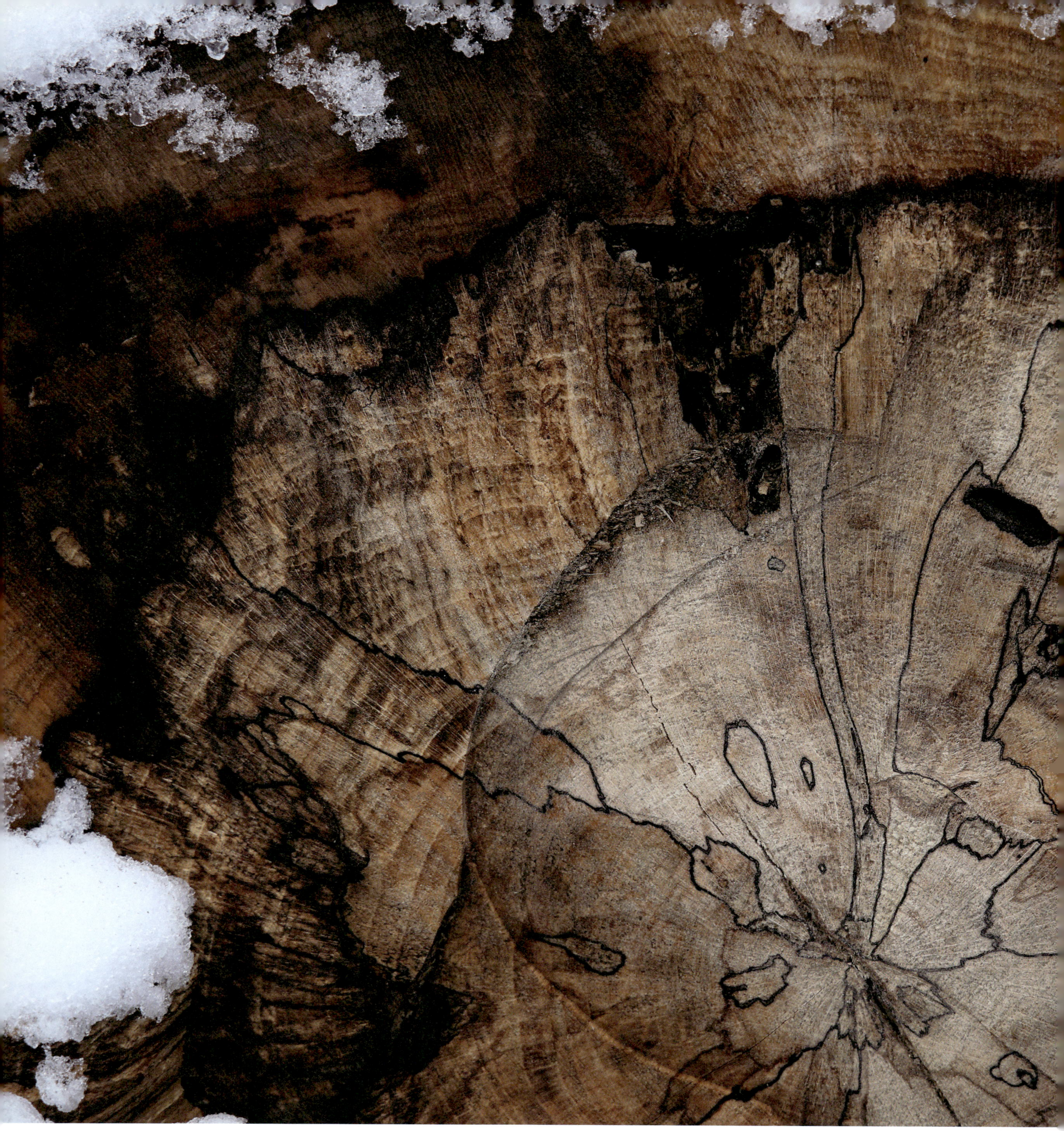

◀ Im Kreislauf des Lebens haben Weißfäulepilze begonnen, einen Rotbuchenstamm zu zersetzen. Die schwarzen Zonenlinien sind dünne verhärtete Grenzflächen, die von Pilzmyzelien gebildet werden. Sie grenzen dabei auch unterschiedliche Feuchtegehalte und Zersetzungsgrade im Stamm ab. Dabei bilden sich interessante Maserungen, die an der Schnittfläche wie kleine Kunstwerke auf den Betrachter wirken.

▶ Wald mit Geschichte(n). In Darmstadts Wäldern sind Schilder mit Abteilungsnummern und Abteilungsnamen eine schöne Tradition. Zur Waldabteilung Texas südlich der Heimstättensiedlung gibt es einige Geschichten und Interpretationen. Sicher ist, dass es nicht die Amerikaner waren, die dieser Waldabteilung ihren Namen gaben, obwohl sie nach dem 2. Weltkrieg dort einen Schießplatz betrieben. Texas hieß die Waldabteilung schon zu Zeiten der Großherzoglichen Oberförsterei Bessungen. In alten Forsteinrichtungswerken und in den forstlichen Vermessungskarten von 1902 und 1913 ist Texas als Waldort bereits enthalten.

▶▶ Selten, aber es gibt ihn. Winter in der Waldabteilung Texas.

267
Texas

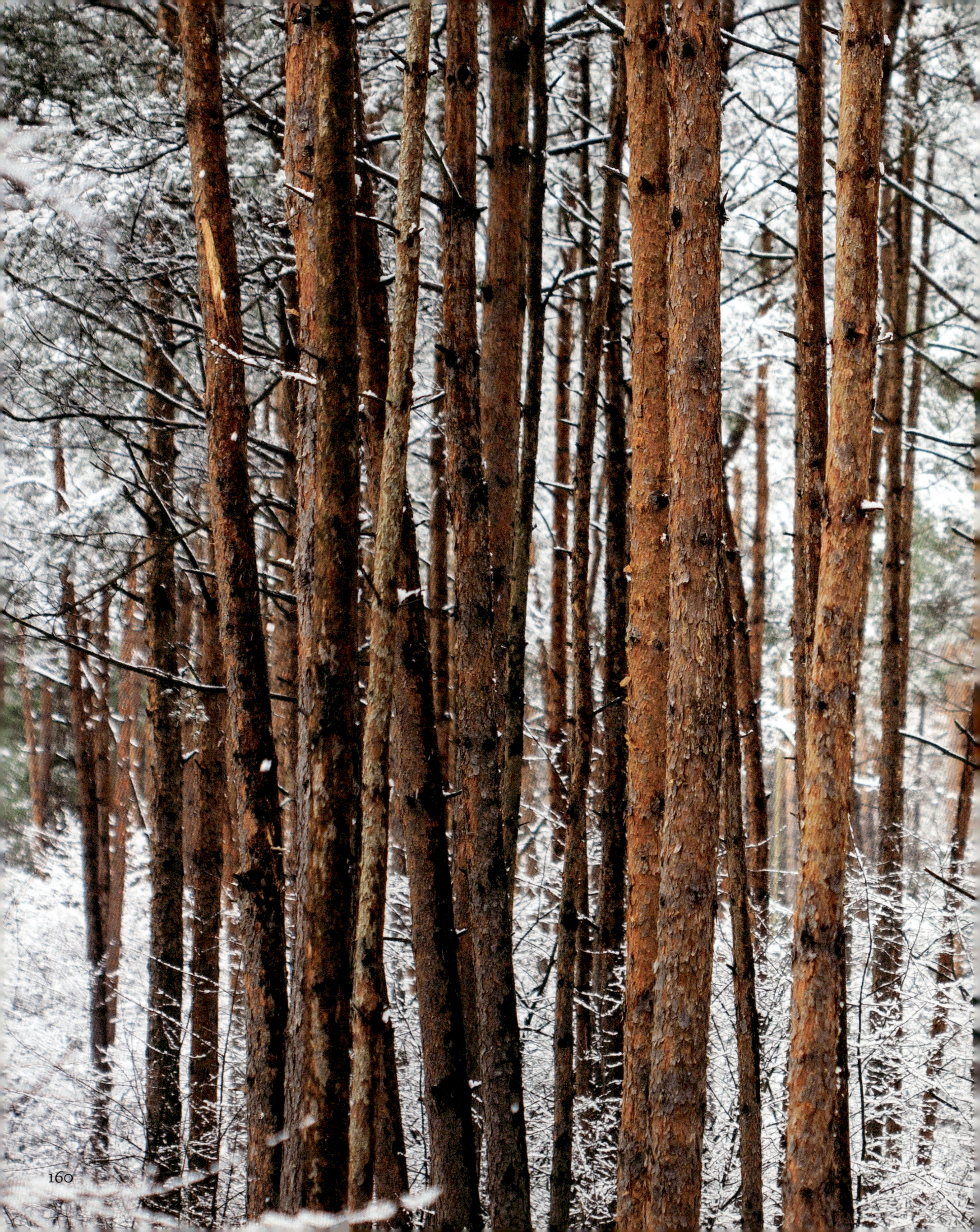

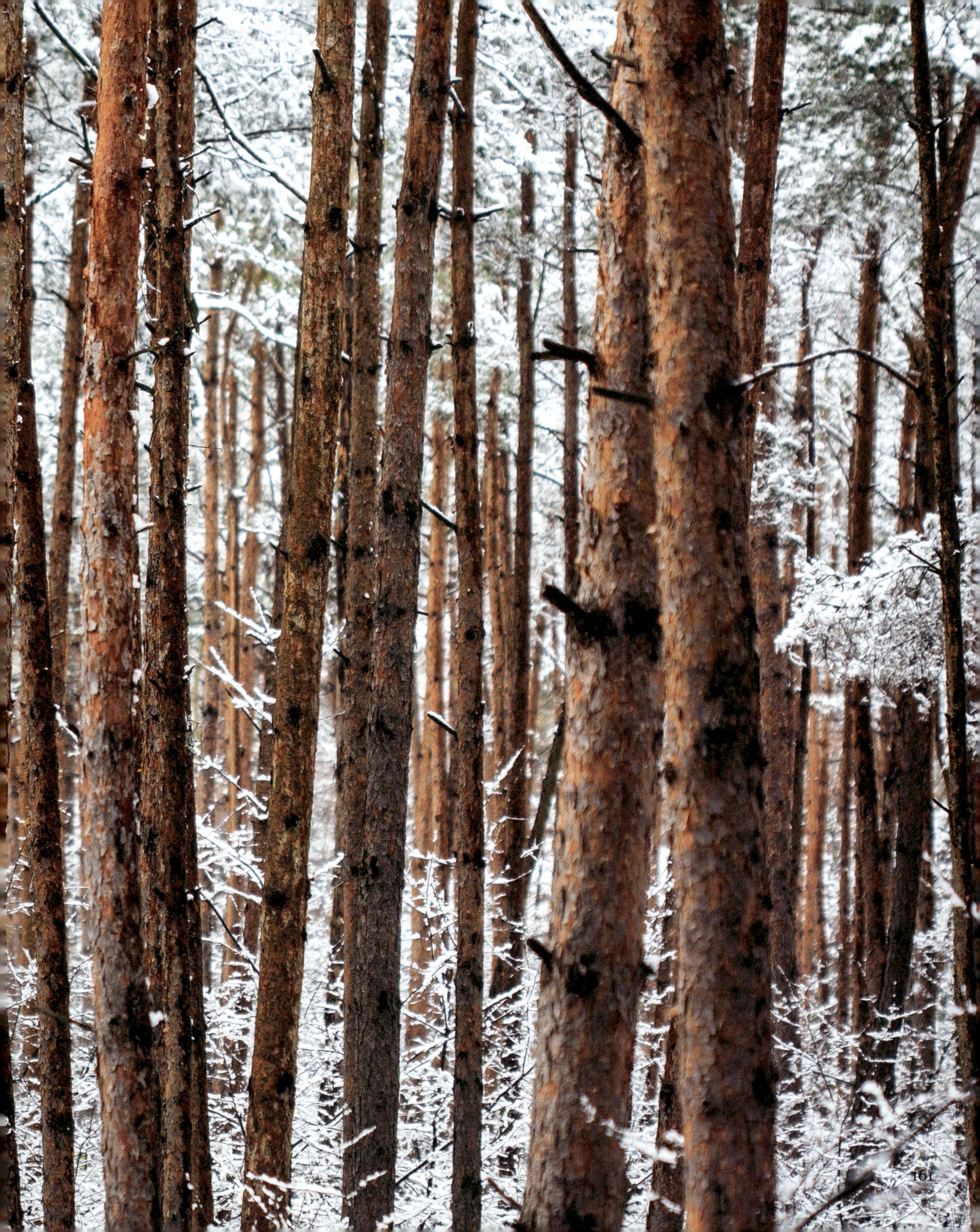

▶ Klirrende Kälte, Dauerfrost, Sonne und Schnee verzaubern die Rottwiese im Kranichsteiner Wald in ein Winteridyll.

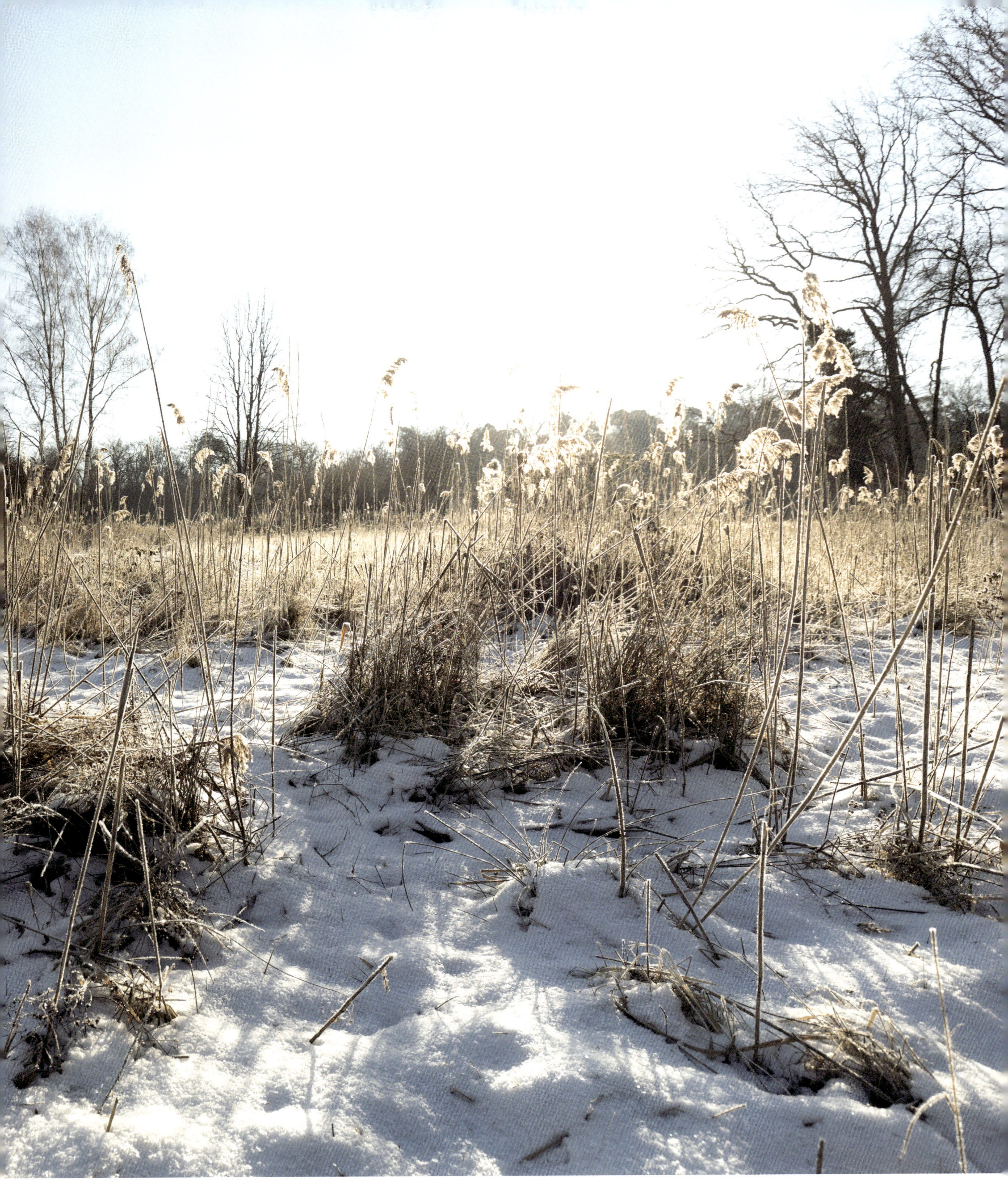

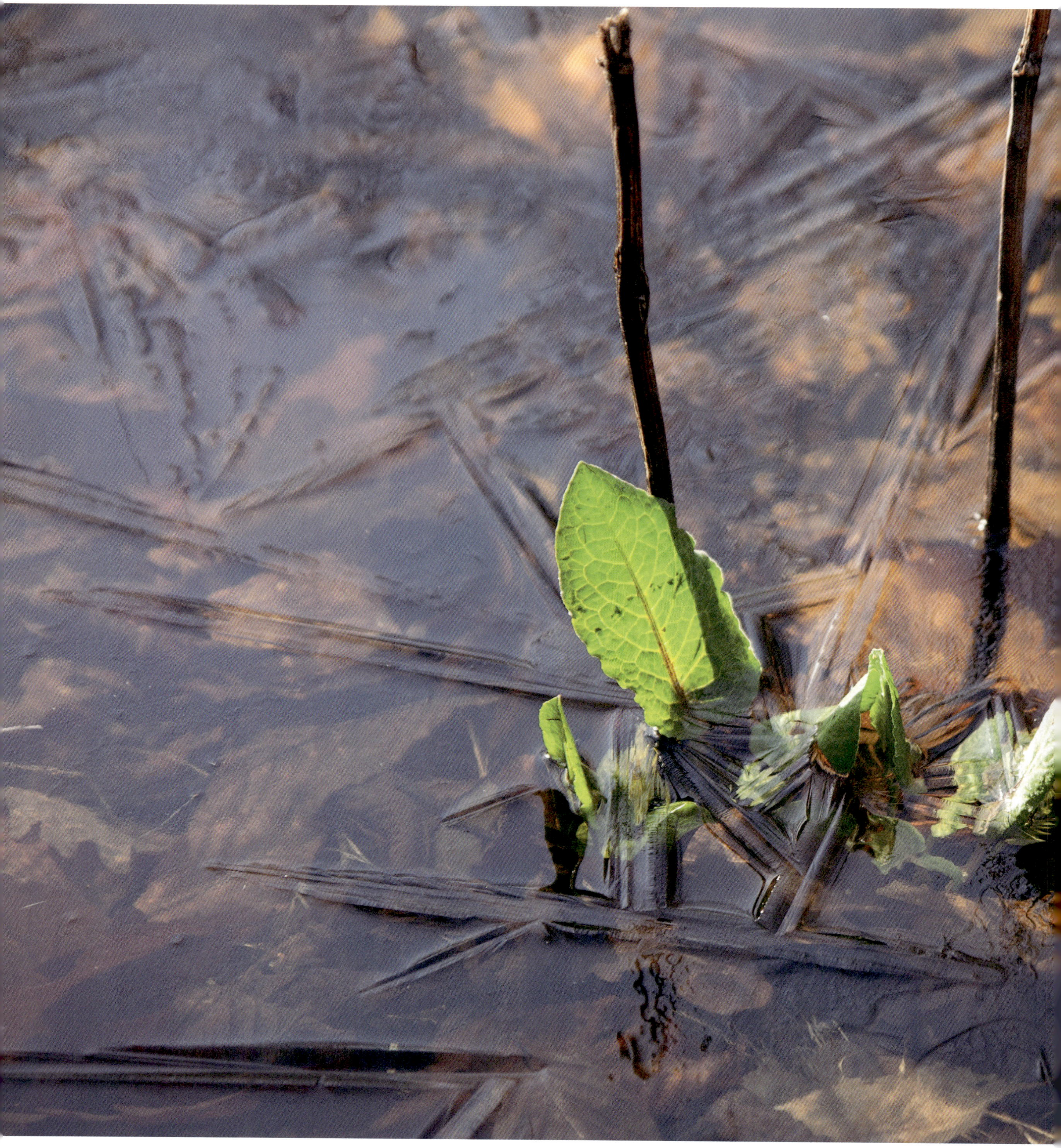

◂ Überrascht vom Wintereinbruch.

Biografien

Matthias Kalinka

Foto: Felix Kalinka

Geboren 1963, studierte Forstwirtschaft an der FH Weihenstephan. Seit 1998 lebt er in Darmstadt. Sein Interesse für den Wald wurde früh geweckt: Im elterlichen Forsthaus bekam er erste Einblicke in den Wald als Lebensraum und Arbeitsplatz. Seit 2012 arbeitet Kalinka beim Landesbetrieb HessenForst und ist stellvertretender Leiter des Forstamts Darmstadt. Seit seinem 14. Lebensjahr beschäftigt er sich mit der Fotografie. Sie ermöglicht ihm eine intensive Beschäftigung mit dem Lebensraum Wald. Die Fotografie bietet ihm immer wieder neue Perspektiven und Sichtweisen und verdeutlicht den immensen Detailreichtum unseres größten Landökosystems. Für Kalinka ist es spannend zu sehen, wie sich der Wald verändert. Diese Veränderungen festzuhalten hat er sich zum Ziel gesetzt. Zusätzlich engagiert er sich ehrenamtlich im Naturschutzbeirat der Wissenschaftsstadt Darmstadt.

PH Gruner

Foto: Anna Meuer

Jahrgang 1959, Dr. phil. Politik- und Sprachwissenschaftler, Publizist, bildender Künstler. Mitglied des deutschen PEN und des VS Hessen. Initiator und Kopf der Literaturgruppe POSEIDON. Geschäftsführer der *Gesellschaft Hessischer Literaturfreunde*, Darmstadt. Jüngste Publikationen: »CO-RO-NA. 19 Autorenbeiträge zu COVID-19. 19 Reaktionen auf eine Pandemie« (2020). »Der Lui. Zum 175. Geburtstag des Ludwigsmonuments in Darmstadt«, herausgegeben von PH Gruner und Albrecht Haag (2019). »Die extrem kurze Zeit der Seeligkeit. Zehn Kurzgeschichten und ein Hörspiel« (2018).

Glossar

Nachfolgend einige häufig verwendete Fachbegriffe aus der Forstwirtschaft, die es Waldinteressierten erleichtert, die Sprache der Förster zu verstehen.

Altersklasse: Das Alter eines Waldbestandes wird in 20-jährige Perioden eingeteilt. Die Altersklassen werden mit römischen Ziffern bezeichnet. (I = 1-20, II=21-40 Jahre usw.)

Altersstufe: Die natürliche Altersstufe oder Wuchsklasse gibt den erreichten Entwicklungsstand eines Waldbestandes an. (Kultur, Dickung, Stangenholz, Baumholz)

Aufforstung: Künstliche Begründung von Waldbeständen (Kultur) mit dem Ziel der Erhaltung (Wiederaufforstung nach Störung, Ersatzaufforstung nach Waldinanspruchnahme durch andere Nutzung) oder der Verbreitung (Erstaufforstung) von Wald.

Baumholz: Endklasse der natürlichen Altersstufe. Einteilung in schwaches, mittleres und starkes Baumholz in Abhängigkeit vom Brusthöhendurchmesser, beginnend ab 20 cm.

Bestand: In der Forsteinrichtung die kleinste Einheit für Planung und Durchführung forstlicher Maßnahmen.

Ausscheidender Bestand: Der Teil eines Bestandes, der bei einer Pflege oder Ernte entnommen wird bzw. natürlich abstirbt.

Verbleibender Bestand: Der Teil eines Bestandes, der nach einer Pflege oder Ernte stehen bleibt.

Bestandespflege: Alle waldbaulichen Maßnahmen, die zur Erreichung vorher festgelegter Waldentwicklungsziele notwendig sind.

Bestockung: Bezeichnung für alle Bäume in einem (Wald) Bestand.

Bestockungsgrad: Das Verhältnis von der tatsächlich gemessenen Bestandesgrundfläche aller in einem Bestand vorkommenden Bäume (Vorrat) zu den Werten aus Ertragstafeln. Die Werte der Ertragstafeln stammen aus wissenschaftlichen Versuchen, bei denen der optimale Vorrat ermittelt wird. Der Bestockungsgrad 1.0 bedeutet, dass die Bestandesfläche voll bestockt ist.

Biodiversität: Artenvielfalt des Lebens auf allen Ebenen.

Brusthöhendurchmesser: Der Durchmesser eines stehenden Baumes, gemessen in 1,3 m Höhe.

Buchdrucker: Großer Achtzähniger Fichtenborkenkäfer (*Ips typographus*). Einer der bedeutendsten Schädlinge an Nadelbäumen, meist der Fichte. Durch Larvenfraß unter der Rinde wird der Baum angegriffen und kann absterben.

Dauerwald: Von Alfred Möller 1922 geprägter Begriff zur Waldbewirtschaftung, bei dem die »Stetigkeit des Waldwesens die Grundlage jeder richtigen, wahrhaft zweckmäßigen Waldbehandlung« ist. Grundprinzipien sind:
- Einzelstammweise Nutzung unter Beibehaltung des Waldinnenklimas
- Schutz und Pflege des Waldbodens
- Baumartenmischung
- Ungleichaltrigkeit
- ausreichender Vorrat an stehenden Bäumen

Derbholz: Alles oberirdische Holz eines Bestandes über 7 cm Durchmesser mit Rinde am dünneren Ende. Der Derbholzvorrat eines Baums oder Bestandes wird in Vorratsfestmetern mit Rinde angegeben.

Durchforstung: Pflegeeingriff in Stangen- oder Baumhölzern. Die Konkurrenz der Bäume untereinander wird durch gezielte Entnahmen beeinflusst. Die Stabilität und die Qualität eines Bestandes soll durch gezielte Entnahmen verbessert werden. Durchforstungen reduzieren die Baumzahl eines Bestandes früher als bei natürlichen Waldentwicklungen.

Erntefestmeter: Das Volumen des erntbaren Derbholzes oder der tatsächlich geernteten Bäume eines Bestandes ohne Rinde. Für die forstliche Planung ergibt sich die erntbare Holzmenge aus Vorratsfestmetern abzüglich Ernte- und Rindenverlusten, im Durchschnitt 20 Prozent.

FFH-Gebiet: Flora – Fauna – Habitat. Europäische Schutzgebietskategorie, die das Ziel, hat das nationale Naturerbe zu schützen und die Artenvielfalt zu erhalten.

Forsteinrichtung: Mittelfristige Planung eines Forstbetriebes im 10-jährigen Turnus. Die Ergebnisse einer Inventur und die künftigen Ziele werden in einem Forsteinrichtungswerk zusammengefasst. Der Vollzug der Planungen wird in einer jährlichen »Naturalkontrolle« überwacht.

Heyersatz:
$$H_{Heyer} = lZ_{ist} + \frac{V_{ist} - V_n}{A}$$

Formelweiser aus der Forsteinrichtung zur Festlegung einer Holzmenge, die bei der nächsten Pflege entnommen werden kann und für Nachhaltigkeit sorgt. Erfunden von Carl Justus Heyer, einem Forstwissenschaftler aus Darmstadt, *9. April 1797 im Bessunger Forsthaus, † 24. August 1856 in Gießen.

Jungwuchspflege: Pflegemaßnahme zur Erreichung des Verjüngungsziels durch eine Mischwuchsregulierung und die Beseitigung von Konkurrenzvegetation.

Kahlschlag: Entnahme aller Bäume eines Bestandes durch eine Hiebsmaßnahme. Im Gegensatz zur einzelstammweisen Nutzung oder dem Dauerwald wird hier durch die Holzernte das Waldinnenklima beseitigt.

Kernfläche Naturschutz: Durch Nutzungsverzicht in einem Waldbestand besteht die Möglichkeit einer natürlichen Waldentwicklung hin zu einem Naturwald, dem Urwald von Morgen.

Läuterung: Pflegeeingriff in einen Jungbestand durch Aushieb von schlechteren Bäumen – »Negativauslese«. In gemischten Waldbeständen zur Regulierung der Baumartenanteile. In sehr dichten Naturverjüngungen oft auch zur Dichteregulierung.

Lichtbaumart: Baumart mit relativ hohem Lichtbedürfnis und geringem Schattenerträgnis wie z. B. Eiche, Kiefer, Birke, Weide.

Mischbestand: Waldbestand aus mindestens zwei Baumarten. Durch ihr Zusammenwirken verbessern sie die Stabilität und die ökologischen Eigenschaften eines Waldbestandes merklich. Ziel sollte es sein, mehr als zwei Baumarten in einem Waldbestand zu haben.

Naturverjüngung: Reproduktion eines Waldbestandes durch eigene Samen oder den Sameneintrag aus Nachbarbeständen. Durch Zielstärkennutzungen entwickeln sich im Dauerwald Verjüngungskegel ohne zusätzliche forstliche Maßnahmen.

Naturwaldreservat: Aus der forstlichen Nutzung genommene Waldfläche zur Erforschung von eigendynamischer Waldentwicklung. Neben einem Totalreservat gibt es oft Vergleichsflächen mit regulärer forstlicher Nutzung. Das Naturwaldreservat »Kniebrecht«, das einzige im Forstamt Darmstadt, ist seit Anfang der 1990er Jahre ausgewiesen und zusätzlich als Bannwald besonders geschützt.

Ökosystem: Ein Beziehungsgefüge der Lebewesen untereinander (Biozönose = Lebensgemeinschaft) und mit ihrem Lebensraum (Biotop).

Plenterwald: Im Plenterwald kommen alle Altersstufen und Durchmesserklassen auf allen Flächeneinheiten in einem unmittelbaren räumlichen Neben- und Untereinander vor. Waldbauliche Eingriffe dienen gleichzeitig der Holzernte. Pflege durch Nutzung ist hier der Slogan.

Reinbestand: Waldbestand, in dem in der Regel nur eine Baumart vorkommt.

Schattbaumart: Baumarten mit großer Toleranz gegenüber Beschattung vor allem in der Jugendphase. Schattentolerante Baumarten sind zum Beispiel Eibe, Tanne, Buche.

Schirm: Das Kronendach von Bäumen in einem Waldbestand.

Standort: Der Begriff umfasst die Gesamtheit aller für das Wachstum von Wald bedeutenden abiotischen Faktoren wie die Lage im Gelände, Klima, Boden, Wasser- und Nährstoffversorgung.

Standortgerechte Baumart: Eine Baumart ist in einem Waldbestand standortgerecht, wenn sie auf einem Standort ihr natürliches Lebensalter erreicht, arteigenes Wachstum zeigt, sich natürlich verjüngen kann und den Standort nicht nachhaltig verschlechtert.

Umtriebszeit: Die Zeitspanne von der Begründung eines Bestandes bis zum Abschluss der Nutzung der Bäume. Im Altersklassenwald ist die Umtriebszeit der mittlere, planmäßige Produktionszeitraum, in der eine Baumart das geplante Betriebsziel erreicht. Die Umtriebszeit variiert je nach Baumart. Für Fichte z.B. 100 Jahre, für Eiche 240 Jahre. Sie liegt unter der natürlichen Alterserwartung von Waldbäumen.

Verjüngung: Natürliche und waldbauliche Maßnahmen, um mit Samen, Saatgut oder gepflanzten Bäumen die nächste Waldgeneration zu fördern. Man unterscheidet natürliche Verjüngung von Waldbeständen und künstliche Verjüngung durch aktive Saat und Pflanzung von Waldbäumen.

Vorwald: Ein schützender Schirm aus Pionierbaumarten (Aspe, Birke, Weide), der empfindlichere Baumarten, vor allem auf Freiflächen, in ihrer Jugendphase vor Gefahren wie Frost, Trockenheit und extremer Sonneneinstrahlung schützt.

Waldumbau: Einbringung von standortgerechten und klimastabilen Baumarten in Rein- oder weniger standortgerechte Bestände, um das Risiko von Waldschäden zu verringern.

Wildling: Eine aus einer Naturverjüngung entnommene junge Pflanze, die auf eine andere Verjüngungsfläche verpflanzt wird.

Zukunftsbaum: Bei der Bestandespflege geförderter Baum, der aufgrund seiner soziologischen Stellung, Vitalität und Qualität zu den Wertträgern eines Waldbestandes zählt.

Zielstärke: Definierter Brusthöhendurchmesser, ab dem ein Zukunftsbaum geerntet wird. Ab einer gewissen Zielstärke ist es ökonomisch sinnvoller, den Baum zu ernten als ihn im Bestand zu belassen.

Zuwachs: Die Zunahme von Höhe, Durchmesser, Grundfläche und Volumen eines Baumes oder Waldbestandes. Für eine nachhaltige Bewirtschaftung sollte der Zuwachs eines Waldes immer über der Nutzung liegen.